Prácticas Espirituales Africanas

La guía definitiva sobre santería, yoruba, orishas, espiritualidad negra, veneración ancestral, maat, vudú haitiano y hoodoo

© Copyright 2023

Todos los derechos reservados. Ninguna parte de este libro puede ser reproducida de ninguna forma sin el permiso escrito del autor. Los revisores pueden citar breves pasajes en las reseñas.

Descargo de responsabilidad: Ninguna parte de esta publicación puede ser reproducida o transmitida de ninguna forma o por ningún medio, mecánico o electrónico, incluyendo fotocopias o grabaciones, o por ningún sistema de almacenamiento y recuperación de información, o transmitida por correo electrónico sin permiso escrito del editor.

Si bien se ha hecho todo lo posible por verificar la información proporcionada en esta publicación, ni el autor ni el editor asumen responsabilidad alguna por los errores, omisiones o interpretaciones contrarias al tema aquí tratado.

Este libro es solo para fines de entretenimiento. Las opiniones expresadas son únicamente las del autor y no deben tomarse como instrucciones u órdenes de expertos. El lector es responsable de sus propias acciones.

La adhesión a todas las leyes y regulaciones aplicables, incluyendo las leyes internacionales, federales, estatales y locales que rigen la concesión de licencias profesionales, las prácticas comerciales, la publicidad y todos los demás aspectos de la realización de negocios en los EE. UU., Canadá, Reino Unido o cualquier otra jurisdicción es responsabilidad exclusiva del comprador o del lector.

Ni el autor ni el editor asumen responsabilidad alguna en nombre del comprador o lector de estos materiales. Cualquier desaire percibido de cualquier individuo u organización es puramente involuntario.

Su regalo gratuito

¡Gracias por descargar este libro! Si desea aprender más acerca de varios temas de espiritualidad, entonces únase a la comunidad de Mari Silva y obtenga el MP3 de meditación guiada para despertar su tercer ojo. Este MP3 de meditación guiada está diseñado para abrir y fortalecer el tercer ojo para que pueda experimentar un estado superior de conciencia.

https://livetolearn.lpages.co/mari-silva-third-eye-meditation-mp3-spanish/

Índice

INTRODUCCIÓN 1
CAPÍTULO 1: CONOCER LAS PRÁCTICAS ESPIRITUALES
AFRICANAS 3
CAPÍTULO 2: *MAAT*: TRAER ARMONÍA Y EQUILIBRIO A LA VIDA 13
CAPÍTULO 3: DIOSES CREADORES SUPREMOS 24
CAPÍTULO 4: LOS *LWA* Y LOS *ORISHAS* 34
CAPÍTULO 5: LA SANTERÍA Y LOS SANTOS 44
CAPÍTULO 6: HONRAR A LOS ANTEPASADOS 56
CAPÍTULO 7: HIERBAS Y PLANTAS SAGRADAS 65
CAPÍTULO 8: HABLEMOS DE ALTARES Y SANTUARIOS 76
CAPÍTULO 9: BOLSAS DE MOJO Y GRIS-GRIS 83
CAPÍTULO 10: FESTIVALES Y CEREMONIAS 90
CONCLUSIÓN 99
GLOSARIO DE TÉRMINOS 101
VEA MÁS LIBROS ESCRITOS POR MARI SILVA 106
SU REGALO GRATUITO 107
REFERENCIAS 108

Introducción

Cuando la gente piensa en espiritualidad, sus mentes a menudo se dirigen a prácticas asiáticas y occidentales, como el yoga, la *wicca*, el paganismo y el druidismo. Sin embargo, hay muchas otras prácticas espirituales por conocer alrededor de todo el mundo, y el continente africano alberga varias tradiciones espirituales vibrantes y fascinantes.

Algunas de las variadas tradiciones espirituales de África son el kemetismo (o neopaganismo egipcio), el *isese* (o religión yoruba), el vudú haitiano, el *hoodoo* y la santería. La mayoría de los libros sobre tradiciones espirituales se centran en las más conocidas, omitiendo por completo estas vibrantes tradiciones. En cambio, este libro destaca estas tradiciones espirituales y explora ampliamente sus prácticas asociadas.

Este libro se abre con una visión general de las prácticas espirituales africanas que se exploran con más detalle en los capítulos posteriores. Examina cómo está estructurada cada comunidad espiritual y cómo se llevan a cabo los rituales. Analiza algunas de sus creencias para que los lectores puedan comprender cada tradición en su totalidad.

Luego, el libro explora el *maat*, el kemetismo y la ortodoxia kemética y examina las formas de atraer el *maat* (orden cósmico) a su vida. Indaga los siete principios y las 42 leyes de *maat* y explica cómo los lectores pueden adoptarlos y seguirlos.

Tras explorar el *maat*, el libro profundiza en las tradiciones de los dioses creadores supremos de las tradiciones espirituales africanas y en las formas en las que los creyentes creen que se formó el mundo. Al principio del libro se explica cómo se venera a estos dioses creadores.

El cuarto capítulo explora los *lwa* y los *orishas*, los dioses y espíritus del vudú y el *isese* haitianos. Examina los panteones de cada tradición espiritual y ayuda a los lectores a comprender mejor cómo los practicantes veneraban a estas deidades y se comunicaban con ellas.

A continuación, el libro examina la misteriosa tradición espiritual de la santería y los santos importantes en esta tradición. Explora los vínculos entre la santería y el catolicismo, el vudú haitiano y el *isese*, y ayuda a los lectores a invocar los poderes de cada santo.

El sexto capítulo profundiza en la fuerte tradición de veneración ancestral del continente africano. Los lectores comprenderán mejor por qué se venera a los antepasados y cómo se practica esta veneración en las distintas tradiciones espirituales y religiones.

Tras explorar la veneración de los antepasados, el libro examina algunas de las hierbas y plantas sagradas de África y su importancia para los rituales y conjuros de tradiciones espirituales africanas como el *Hoodoo*. También se explora el papel de los altares y santuarios en estas tradiciones y se enseña a construir un altar para uso personal.

Luego, se habla en detalle de dos talismanes comunes: las bolsas de mojo y el gris-gris. Le enseña a crear y utilizar cada uno de estos talismanes para que los use como fuente de protección y magia adondequiera que vaya.

Por último, se examinan los festivales y ceremonias que se celebran en estas tradiciones espirituales africanas. Dado que las tradiciones africanas siguen siendo relativamente desconocidas, hay un conocimiento limitado de sus celebraciones religiosas y el capítulo pretende poner remedio a esta carencia.

Este libro también ofrece un glosario de términos que facilita la comprensión de las prácticas espirituales que trata. Dado que estas prácticas suelen ir acompañadas de términos nuevos y desconocidos, aprender sobre ellas puede resultar todo un reto.

Así que, sin más preámbulos, exploremos el mundo de las prácticas espirituales africanas y descubramos sus secretos.

Capítulo 1: Conocer las prácticas espirituales africanas

De las religiones africanas y afroamericanas proceden muchas prácticas culturales y espirituales únicas. Desde Senegal hasta Sudáfrica, estas prácticas suelen estar relacionadas con la espiritualidad, las ceremonias, los rituales y otras tradiciones que varían de una zona a otra. Algunas se siguen practicando hoy en día, mientras que otras se han perdido en el tiempo. Estas prácticas se han transmitido de generación en generación y varían de una tribu a otra. Algunas eran practicadas por todos los miembros de la comunidad, mientras que otras estaban reservadas para personas concretas (a menudo, aquellas que tenían un gran poder o potencial). Este capítulo examina algunas de las prácticas espirituales africanas más populares y su historia.

Las prácticas espirituales africanas se extienden por todo el continente africano
https://unsplash.com/photos/Ue5kuMVmIhU

Yoruba

El pueblo yoruba tiene una historia rica y compleja que sigue siendo estudiada por los historiadores modernos. La religión yoruba es uno de los mayores grupos de la diáspora africana, con miembros repartidos por todo el planeta. Según los documentos registrados, el pueblo yoruba se originó en África Occidental, principalmente en Nigeria, Benín y Ghana, donde vivieron pacífica e independientemente durante muchos siglos. La fe yoruba es una de las religiones más antiguas del mundo. Hace más de 5000 años, los yoruba entraron en contacto con exploradores y comerciantes europeos, y con misioneros musulmanes y cristianos, que influyeron en sus prácticas y creencias. Varios grupos yoruba se convirtieron al cristianismo durante este periodo, mientras que otros abrazaron el islam. Aun así, muchos mantuvieron las prácticas tradicionales de sus antepasados, lo que dio lugar a una religión diversa y ampliamente practicada que sigue siendo parte esencial de la cultura yoruba. Aunque sus creencias han variado a lo largo de los siglos, la religión yoruba se define generalmente por un sistema de creencias politeísta (múltiples deidades), centrado en el culto a los antepasados y un papel central de la adivinación, conocida como *ifá*. A través de este sistema de adivinación, los seguidores pueden comprender la intención del Ser Supremo Olodumare.

Durante la trata de esclavos, muchos africanos fueron obligados a convertirse al catolicismo. Sin embargo, la cultura yoruba representaba su historia y su identidad. No podían simplemente abandonar sus raíces. Practicaban su fe en secreto fusionando algunos aspectos yorubas con el catolicismo, mezclando muchos de los *orishas* con santos católicos. Aferrarse a su fe era una forma de rebelión contra la esclavitud y la pérdida de su libertad.

Creencias de la religión yoruba

Los yoruba creen que su deidad suprema, Olodumare, creó el universo. Con la ayuda de espíritus menores, Olodumare formó la Tierra y todo lo que hay en ella, incluidos los humanos. La gente debe esforzarse por vivir de acuerdo con Olodumare para ser bendecida con buena fortuna. Según la religión yoruba, *ashe* es la energía que se encuentra en todas las cosas naturales, incluidos los humanos y las deidades.

La religión yoruba se centra principalmente en el culto a deidades llamadas *orishas*. Estas deidades suelen estar asociadas a fuerzas naturales como los animales, las plantas y el medio ambiente. Son seres espirituales buenos y malos (*egungun* y *ajogun*). Aunque no son tan poderosos como Olodumare, los *orishas* pueden realizar tareas importantes, como curar y proteger a los humanos de las fuerzas malignas. A cambio de regalos y ofrendas, los *orishas* protegen a la gente y le proporcionan regalos especiales.

Rituales y costumbres yoruba

Los rituales yoruba son sagrados y seculares, y abarcan desde las ceremonias religiosas hasta la vida cotidiana. Los rituales tradicionales yoruba se realizan por muchos motivos, como la celebración del nacimiento, el matrimonio o la muerte de una persona. Mantienen la armonía y el equilibrio en la comunidad. El aspecto más importante de los rituales yoruba es el respeto a todas las personas. En la cultura yoruba, todos somos iguales. Las personas tienen diferentes funciones y responsabilidades dentro de la comunidad, pero todos tienen valor y son importantes. Los rituales muestran respeto por quienes nos han precedido conmemorando sus vidas y asegurándose de que las generaciones futuras sean atendidas en su ausencia. Estas ceremonias tienen un significado inmenso y varían significativamente entre las distintas comunidades de África Occidental.

Un aspecto interesante de la religión yoruba es la relación entre sacerdotes y seguidores. Mientras que muchas religiones tienen una jerarquía estricta con unos pocos individuos (sacerdotes, pastores, etc.) en la cima, los sacerdotes yoruba no se consideran espiritualmente superiores al resto de la comunidad. Por el contrario, son consejeros, maestros y curanderos que han estudiado y conocen los asuntos del espíritu. Los sacerdotes suelen ser elegidos por sus comunidades para dirigir el culto y celebrar las ceremonias esenciales, pero no ocupan una posición de gran autoridad espiritual. Además, en la religión yoruba no existe una organización central ni un liderazgo jerárquico. Cada comunidad es autónoma y tiene libertad para practicar e interpretar la religión como mejor le parezca.

Aunque la mayoría de los practicantes de la religión yoruba pertenecen a uno de los distintos linajes que componen la comunidad yoruba, cada practicante debe adherirse a algunos principios básicos. El primero es ser iniciado en la religión de niño por un miembro de la comunidad capacitado para esta tarea. Esta iniciación debe tener lugar entre el nacimiento y la edad adulta, pero lo más habitual es que se produzca cuando los niños tienen entre cinco y siete años. Tras ser iniciado en la religión, es vital aprender lo que significa ser una persona yoruba. Estos principios incluyen honrar a los antepasados, respetar a los mayores y seguir las leyes y costumbres tradicionales. También incluyen instrucciones sobre cómo comportarse en público, cómo en iglesias y mercados, para no ofender a los demás ni deshonrar a la propia familia. Sin embargo, por encima de todo, es esencial no olvidarse de vivir con un propósito y un sentido en la vida.

Santería

Mientras que los yoruba son un grupo étnico, la santería es una religión desarrollada en Cuba por los yoruba y sus descendientes. La santería es una religión afrocaribeña creada por los esclavos atlánticos llevados a Cuba, Puerto Rico y otras islas del Caribe entre los siglos XVI y XIX. Los esclavos llevaron al Caribe muchas de sus creencias tradicionales africanas, que se transformaron con el tiempo en la santería. No se trata de una sola religión, sino de una síntesis de creencias tradicionales yoruba, espiritismo y cristianismo católico romano.

Creencias de la santería

No existe una doctrina o dogma fijo dentro de la santería. En su lugar, existen múltiples sectas con creencias y prácticas ligeramente diferentes. Sin embargo, la santería es politeísta y gira en torno a las mismas deidades *orishas* que el pueblo yoruba. Enfatiza la idea de que todas las cosas tienen un espíritu y que los espíritus proceden de los dioses que crearon el universo. Los practicantes de la santería creen que pueden comunicarse con estos espíritus y pedirles ayuda. Los principales objetivos de esta religión son honrar y respetar a los espíritus.

Rituales y costumbres de la santería

En esta religión, los practicantes realizan rituales y ceremonias para conectar con el mundo de los espíritus. Estos rituales rinden culto a las deidades y sus ceremonias incluyen tambores, danzas y cánticos. También incluyen oraciones, ofrendas y ayunos. Estos rituales suelen ser guiados por un santero (hombre) o una santera (mujer). Además de actuar como medio espiritual para los practicantes, la santería permite a los seguidores conectar con sus antepasados a través de rituales de enraizamiento y posesión de espíritus. Algunos practicantes creen que pueden comunicarse con sus antepasados a través de estos medios.

El grado de participación en la santería varía enormemente. La práctica de la santería reconoce tres deidades principales, cada una con sus prácticas rituales asociadas. Las deidades más importantes son los *orishas*, que procede del pueblo yoruba de África Occidental. Hay muchos *orishas* y algunos son honrados en más de una forma de santería.

Los rituales de la santería se dividen en diferentes categorías que reflejan el espíritu al que se honra. Cualquier ritual puede describirse como «santería», siempre que honre a una o más deidades. Cada categoría tiene unos pasos específicos que deben seguirse para honrar adecuadamente al espíritu en cuestión. Por ejemplo, algunas ceremonias se incluyen elaboradas ofrendas y danzas que permiten a los participantes comunicarse con el espíritu honrado. Otras se centran principalmente en la limpieza espiritual y la curación a través de la oración y las hierbas. Algunas ceremonias también incluyen el sacrificio de animales para apaciguar al espíritu al que se honra y protegerlo.

Vudú haitiano

Durante el comercio atlántico de esclavos entre el siglo XVI y el XIX, el vudú haitiano, también conocido como vodú, se desarrolló entre las comunidades afrohaitianas. Los yoruba, *fon* y *kongo*, entre otros esclavos de África Central y Occidental, llegaron a La Española con sus religiones tradicionales fusionadas. Con el tiempo, la religión evolucionó hasta incluir elementos de las religiones indígenas y del cristianismo. Combina creencias espirituales autóctonas y prácticas del catolicismo y se caracteriza por rendir culto a espíritus y antepasados. En la actualidad, muchas personas practican el vudú en todo el mundo. Alrededor de 60 millones de practicantes siguen alguna de las diversas variantes de esta fe. Algunos practicantes del vudú haitiano remontan su ascendencia a quienes fueron llevados a Haití como esclavos. Otros afirman descender directamente de quienes nacieron allí o se trasladaron tras la abolición de la esclavitud. Personas de ambos orígenes practican el vudú, ya sea por creencia o por curiosidad. Los seguidores del vudú se denominan vuduistas.

En muchos aspectos, el vudú haitiano es similar a las religiones africanas. Por ejemplo, los rituales del vudú haitiano suelen incluir alimentos, bebidas y hierbas con fines curativos y espirituales. Como muchas otras religiones de la diáspora africana, el vudú haitiano ha sido influenciado por el cristianismo. Muchos haitianos son cristianos y practican algunos elementos de la religión de sus antepasados junto con sus creencias cristianas.

El vudú se considera una religión sincrética porque incorpora elementos de múltiples fuentes. Estas fuentes incluyen la religión africana y el cristianismo. Algo que diferencia al vudú haitiano de la religión yoruba y la santería es su teología. En esta teología, el culto a una única deidad se combina con el culto a múltiples deidades (politeísmo).

Existe la idea errónea de que el vudú está relacionado con la magia negra, la violencia y el culto al diablo. Sin embargo, esta es una visión injusta de una religión pacífica que no guarda relación alguna con la brujería. Durante siglos, el vudú ha sufrido muchos malentendidos que hicieron que la gente lo temiera y sintiera curiosidad por él. Hollywood no ayudó, al presentarlo constantemente como un método para causar daño a la gente.

Un famoso incidente ocurrido en Haití en 1791 podría haber desatado la polémica y los malentendidos en torno al vudú. Hubo una ceremonia vudú pacífica que muchos testigos malinterpretaron como un pacto de los participantes con el diablo. Las violentas revoluciones esclavistas que se produjeron después llevaron a los colonos blancos a hacer estas asociaciones negativas.

Los muñecos de vudú también han sido tergiversados en la cultura pop como herramientas para realizar magia negra y provocar dolor y sufrimiento a los demás. Los vuduistas asignan muñecos específicos a sus *lwa* y los utilizan para invocar ayuda o guía.

Creencias del vudú haitiano

Resulta difícil definir esta religión, ya que bebe de muchas fuentes y contiene muchas tradiciones. Sin embargo, el vudú se caracteriza por su énfasis en la magia y el culto a los antepasados. Algunas religiones vudú creen que los espíritus pueden poseer personas, animales y objetos (*loa*). Otras rinden culto a dioses y diosas. También forman parte del vudú distintos tipos de magia. Algunos rituales mágicos utilizan sacrificios de animales. Otros utilizan pociones o polvos que creen que tienen poderes especiales. Los rituales vudú suelen incluir bailes, cánticos y tambores. A veces se hacen ofrendas a dioses y diosas durante estas ceremonias.

Rituales y costumbres del vudú haitiano

Los sacerdotes del vudú pueden ser hombres o mujeres. Los sacerdotes masculinos se llaman *oungan*, mientras que las sacerdotisas femeninas reciben el nombre de *manbo*. Ambos realizan rituales de iniciación como reverencias, cánticos y oraciones para comunicarse con los espíritus o *lwa*. Se encargan de administrar bendiciones, amuletos y rituales a los enfermos y de curar enfermedades mediante la oración. Además de poseer conocimientos sobre los rituales vudú, los *manbo* son expertos en fitoterapia y utilizan hierbas en sus pociones con fines curativos.

Hoodoo

Vudú y *hoodoo* suelen utilizarse indistintamente, pero hay una diferencia.

El vudú es una religión, mientras que el *hoodoo* no lo es. Además de rituales, maestros y líderes, el vudú tiene dos ramas distintas: el vudú de Nueva Orleans y el vudú haitiano. En cambio, el *hoodoo* no es una religión, no tiene estructura organizativa y lo practican individuos que afirman poseer ciertos poderes mágicos, cada uno con su estilo distintivo.

En el *hoodoo*, el cristianismo, el espiritismo, la religión africana y el islam se combinan en un sistema espiritual sincrético.

Hay muchos conceptos erróneos sobre el *hoodoo*: es como el vudú, sus practicantes son adivinos. En realidad, el *hoodoo* es una mezcla de diversas prácticas para interactuar con el mundo espiritual. Es una ´practica que evolucionó a partir de las religiones tribales de África Occidental traídas a América por los africanos esclavizados. Hoy en día, suele asociarse con la cultura afroamericana del sur, suroeste y noreste de Estados Unidos.

El *hoodoo* es una forma de magia del sur de Estados Unidos, traída originalmente a este país por los esclavos africanos. Siguió siendo una tradición importante en el sur de Estados Unidos y continúa practicándose hoy en día. Evolucionó a partir de las religiones tribales de África Occidental traídas a América por los africanos esclavizados. Aunque sus raíces exactas se discuten, los estudiosos coinciden en que el desarrollo del *hoodoo* se remonta al siglo XIX. Comenzando en los estados del Sur, donde la mayoría de los africanos eran esclavos, el *hoodoo* pasó de ser un sistema secreto (oculto a los dueños de esclavos) de prácticas espirituales, utilizado para la curación y la protección, a una religión que también abordaba los problemas de la vida cotidiana.

Creencias del *hoodoo*

El *hoodoo* es la síntesis de varias prácticas y tradiciones populares africanas y del Nuevo Mundo. Los practicantes del *hoodoo* creen que en el mundo actúan una serie de fuerzas místicas. Entre ellas se incluyen potentes entidades, espíritus y fuerzas sobrenaturales. También creen que estas fuerzas pueden aprovecharse y utilizarse para mejorar la vida de las personas. Los practicantes de *hoodoo* utilizan una serie de técnicas para conectar con estas fuerzas. Algunas de ellas son el lanzamiento de hechizos, la elaboración de pociones y la realización de rituales. También utilizan amuletos y talismanes. El objetivo de todas estas técnicas es crear una conexión entre el practicante y la fuerza mística que intenta dominar. Una vez creada esta conexión, el practicante puede influir o controlar las fuerzas sobrenaturales. Los practicantes de *hoodoo* creen que las fuerzas místicas pueden manipularse utilizando ciertos objetos. Estos objetos incluyen piedras o huesos de animales como perros o gatos, porque algunos practicantes *hoodoo* creen que estos animales tienen poderes sobrenaturales.

Rituales y costumbres *hoodoo*

El *hoodoo* es una práctica espiritual centrada en el uso de la magia, la brujería y la botánica. Existen muchos *hoodoo* diferentes, pero todos comparten elementos comunes. Entre ellos, la creencia en el poder de la naturaleza y el énfasis en las ofrendas a deidades y espíritus. Muchas religiones *hoodoo* incorporan elementos de otras religiones, como el cristianismo o las creencias tribales africanas. No hay normas ni leyes establecidas que rijan la religión *hoodoo*, por lo que resulta difícil de entender para los forasteros. Sin embargo, hay algunas prácticas básicas en las que la mayoría de los practicantes están de acuerdo. Por ejemplo, la mayoría de los practicantes están de acuerdo en que la magia requiere un elemento de azar e incluye rituales como la adivinación. También están de acuerdo en que todo culto debe ir acompañado de algún tipo de sacrificio u ofrenda. Algunos de los rituales más comunes utilizan espíritus para diversos fines, amuletos de la suerte llamados bolsas de mojo o piezas de la suerte para atraer la buena fortuna, hechizos para cambiar a una persona o situación y maleficios para invocar energía o expulsarla.

Los sacerdotes del *hoodoo* se conocen como *rootworkers* (hechiceros). Estos practican el vudú para ayudar a las personas a resolver sus problemas. También se les conoce como médicos conjuradores o maestros conjuradores. Aunque estos términos pueden usarse indistintamente, los *rootworkers* son distintos de los prestidigitadores, que suelen ser herbolarios que utilizan remedios caseros para curar dolencias. Los *rootworkers* se centran en el uso de la magia popular y las prácticas espirituales, como maleficios o hechizos, para ayudar a la gente con sus problemas. La tradición *hoodoo* se transmite de maestro a alumno, y los estudiantes suelen pasar por un rito de iniciación antes de empezar sus estudios. En algunos casos, los estudiantes se someten a una iniciación o prueba antes de comenzar sus estudios y convertirse en practicantes de *hoodoo* con pleno derecho.

Ortodoxia kemética

La ortodoxia kemética es menos una religión y más una teología dedicada a la exploración de la verdad y el conocimiento mediante el culto a deidades. Es una religión basada en las antiguas creencias y formas de vida egipcias. Se ha adaptado y cambiado para ajustarse a la vida y los valores modernos. Es un enfoque sincrético que combina elementos del cristianismo y de otras religiones del mundo y crea una nueva síntesis. La fe se centra en el poder espiritual de antiguos elementos keméticos, como dioses y diosas egipcios, bestias míticas, plantas, animales y lugares sagrados como templos, cementerios y panteones. Se basa en una mezcla ecléctica de fuentes, como la antigua religión kemética, el neopaganismo, el animismo, las religiones tradicionales africanas y tradiciones religiosas occidentales como el cristianismo y el judaísmo. Muchas personas practican aspectos de la ortodoxia kemética sin identificarse necesariamente con la religión. En concreto, los keméticos practican la espiritualidad ancestral sola o combinada con otras formas de espiritualidad. Por ejemplo, algunos practican la ortodoxia kemética al tiempo que practican la *wicca* o el neopaganismo. Otros practican la ortodoxia kemética a la vez que siguen un camino cristiano o judío más tradicional.

La ortodoxia kemética se originó en Estados Unidos y ha experimentado un crecimiento significativo desde su fundación, en la década de 1980, por la reverenda Tamara L. Siuda. Actualmente, individuos y grupos la practican en todo el mundo.

Creencias de la ortodoxia kemética

Los practicantes, conocidos como *shemsu*, se guían a través de la fe por cinco principios básicos:

- Participar en la comunidad y respetarla.
- La creencia en Netjer (el Ser Supremo).
- La veneración de los *akhu* (antepasados).
- La defensa de los principios de *maat* (moralidad y ética).
- El reconocimiento de Siuda (el fundador de la fe) como *nisut* (líder).

Aunque la ortodoxia kemética cree en un poder divino (Netjer), también es una religión politeísta que cree en múltiples deidades, similar a la yoruba y la santería.

Rituales y costumbres de la ortodoxia kemética

La práctica de la fe se divide en tres categorías:

- Culto formal o estatal: Todos los miembros son observados por un sacerdote elegido y realizan oraciones al amanecer a una deidad elegida.
- Culto personal: Todos los miembros, sacerdotes y clérigos superiores alaban y rinden culto a las deidades en un *senut* (santuario) determinado.
- Devoción ancestral mediante ofrendas y oraciones.

Estas son cinco de las muchas religiones y prácticas espirituales africanas que existen desde hace siglos. Las prácticas varían considerablemente de una región a otra. Cada una se basa en diversas deidades y diferentes rituales y prácticas de culto. Todas son únicas, y sus historias y tradiciones son fascinantes. Ofrecen una visión deslumbrante de la historia de las regiones africanas y de las gentes que las habitaron durante siglos.

Estas religiones son más que prácticas tradicionales: representan la identidad y las raíces africanas. Aunque las religiones abrahámicas llegaron a África, muchas personas siguen aferrándose a las tradiciones de sus antepasados.

Capítulo 2: *Maat*: Traer armonía y equilibrio a la vida

Maat, ¿una antigua diosa egipcia o un concepto? Maat era una diosa, pero representa algo más que eso. Simboliza el orden y la armonía. El deber de todo rey era asegurarse de que *maat* (el orden) se estableciera para reemplazar el desorden (*isfet*) y el caos. *Maat* representaba varias nociones significativas en las antiguas culturas egipcias, como la verdad y la justicia. Sin embargo, también era una diosa poderosa e influyente, hija del dios creador y dios del sol, Ra. Cuando Ra estaba creando el universo, Maat fue creada a partir de él, lo que significa que ha existido desde el principio de los tiempos y ha aportado equilibrio y armonía a un universo caótico. Por esta razón, muchos concebían *maat* como un concepto por el que vivir más que como una deidad.

Maat representaba el orden y la armonía

TYalaA, CC BY-SA 4.0 https://creativecommons.org/licenses/by-sa/4.0, vía Wikimedia Commons https://commons.wikimedia.org/wiki/File:Goddess_Ma%27at_or_Maat_of_Ancient_Egypt_-_reconstructed.png

No tenía una historia como las demás diosas ni una personalidad. Solo representaba algunas ideas cruciales. Quienes se unían a Maat y a sus principios, llevarían una vida equilibrada y tendrían garantizada una eternidad pacífica en el más allá. En cambio, quienes rechazaban sus leyes y principios, sufrirían graves consecuencias en la otra vida. En otras palabras, *maat* representaba el comportamiento y las características ideales que debían respetarse y en las que todas las demás deidades estaban de acuerdo. Maat era la base sobre la que Ra construyó su creación y representaba las reglas que los antiguos egipcios debían seguir.

Maat significa *«lo que es verdadero y recto»*, que es todo lo que la diosa representa. Se la representa como una mujer con alas que porta la llave de la vida (el *anj*). Maat era apreciada entre los reyes y el pueblo del antiguo Egipto, y sus seguidores se llamaban a sí mismos «Amados de Maat». En algunas leyendas, estaba casada con su hermano Thoth, el dios de la sabiduría.

Cada persona tenía la opción de llevar una vida honorable y honesta y acatar los principios de Maat, o podía ignorarlos y vivir según sus propias reglas. En otras palabras, cada uno era responsable de sus actos sin la interferencia de ningún dios. Los dioses eran justos. Dejaban a cada uno a su aire, pero todos debían estar preparados para afrontar las consecuencias en la otra vida y pagar por sus errores. Sin embargo, los dioses seguían esperando que la gente se preocupara por los demás como ellos lo hacían y vivieran en armonía. Vivir en armonía con los dioses significaba acatar los principios de Maat.

Los antiguos egipcios, al igual que muchas otras culturas de la época, creían en la vida después de la muerte. La forma en que pasarían su vida después de la muerte dependía de la vida que eligieran llevar. Cada persona se sometía a un juicio, conocido como «El pesaje de los corazones».

El pesaje de los corazones

Tras la muerte, el alma del difunto llega a un lugar en el más allá llamado «Salón de la verdad». Ya fuera un rey o un campesino, todos tenían que ser juzgados y enfrentarse al juicio de los dioses. Los dioses que juzgaban a las almas eran conocidos como el consejo de Maat. Durante cada juicio, el alma del muerto permanecía frente a los jueces mientras que el cuerpo humano permanecía en su tumba. Sin embargo, solo los aspectos del alma humana llegaban al Salón de la verdad para el juicio.

Los antiguos egipcios creían que el alma de cada persona constaba de nueve partes.

1. El *khat* (el cuerpo físico).
2. El *ren* (el nombre secreto de una persona).
3. El *ka* (la doble forma de una persona).
4. El *ab* (el corazón que impulsa a la persona a ser buena o mala).
5. El *ba* (una parte del alma que adoptaba la forma de un pájaro con cabeza humana y podía viajar entre el cielo y la tierra).
6. El *akh* (el yo inmortal).

7. El *sahu* (un aspecto del *akh*).
8. El *sechem* (otro aspecto del *akh*).
9. El *shuyet* (el yo sombra).

Estas nueve partes representaban los aspectos del alma humana que existían en la Tierra. Después de la muerte, el *akh* y sus dos aspectos, *shuyet* y *sechem*, viajaban al inframundo y se presentaban ante el dios del inframundo, Osiris, para esperar su juicio ante cuarenta y dos jueces. Algunos de los dioses y diosas más significativos del antiguo Egipto se encontraban entre ellos, como el creador, Ra; Horus, el dios del sol; Nut, la diosa del cielo; Geb, la diosa de la tierra; Hathor, la diosa del amor; Shu, la diosa de la paz; Neftis, la diosa de los muertos; y su hermana Isis, la diosa de la vida. El cuarto aspecto del alma, el *ab* (corazón), se colocaba en una balanza de oro y su peso se comparaba con el de una pluma blanca. Sin embargo, no se trataba de una pluma blanca cualquiera, sino que pertenecía a Maat y se la denominaba la pluma de la verdad.

Antes de colocar el corazón en la balanza, el ser inmortal (el *akh*) debía recitar la «Confesión negativa» o «Declaración de inocencia», que consistía en una lista de cuarenta y dos acciones pecaminosas para decir que nunca las había cometido. Las confesiones se hacían a cada uno de los jueces. Las confesiones negativas diferían de una persona a otra. Se hacían a la medida de cada persona, porque todos son diferentes y las tentaciones a las que se enfrenta y los pecados que comete cada uno no son los mismos. Por ejemplo, un pecado como «nunca ordené matar» era apropiado para un herrero que normalmente nunca se involucraría en acabar con la vida de alguien. Sin embargo, los reyes, soldados y jueces probablemente habían estado en una situación en la que habían ordenado la muerte de alguien. Por lo tanto, este pecado no estaba incluido en sus confesiones, ya que, en este caso, era su trabajo, no un pecado. Tenían que negar haber cometido todos los pecados que se les presentaban. Si un guerrero negaba haber matado a alguien, estaría mintiendo. Por lo tanto, no había una lista estándar, pero había algunos pecados comunes que ninguna persona debía cometer jamás, como robar o maldecir a los dioses. Las intenciones eran importantes en estas confesiones. Por ejemplo, la confesión: «Nunca he hecho llorar a nadie». Nadie podría atestiguar si esto era cierto, porque nunca podría saberse si sus acciones o palabras habían hecho llorar a alguien. Esta confesión está basada en la intención, lo que significa que nunca tuvo la intención de hacer llorar a alguien.

Los pecados representaban todo lo que iba en contra de los principios de Maat. Quienes vivían según sus reglas eran virtuosos e incluso cuando cometían pecados, lo hacían sin mala intención. El propósito de estas confesiones era mostrar que cada persona entendía que la vida solo debía vivirse según las enseñanzas de los dioses y no según los caprichos de las personas.

Después de que alguien enumeraba sus confesiones, su corazón era colocado en la balanza. Aunque alguien mintiera durante las confesiones, su corazón nunca mentiría. Si fingía ser virtuoso, la balanza lo desenmascaraba. El corazón de una buena persona era más ligero que la pluma de la verdad. En caso de ser así, Osiris consultaba con Thoth y los cuarenta y dos jueces para determinar si la persona era realmente digna y debía ser recompensada. Los dioses evaluaban cuántos pecados había cometido y decidían si estaba en el lado de los virtuosos o de los pecadores. Sin embargo, si el corazón pesaba más que la pluma de Maat, a la persona se le negaba la vida después de la muerte. A diferencia de otras religiones, los antiguos egipcios no tenían un concepto del infierno. La diosa Ammut devoraba los corazones pesados y las personas dejaban de existir. Maat era representada en lo alto de la balanza de oro durante el juicio. Sin embargo, otros dibujos la mostraban al lado de Osiris.

Tras el juicio, a los corazones ligeros se les permitía el paso al Campo de los juncos, el equivalente al cielo de los antiguos egipcios. Sin embargo, el viaje no era fácil. Fuerzas malignas como los demonios creaban caos y trampas para impedir que las almas llegaran a su destino final. Los que lograban llegar sanos y salvos se reunían con sus seres queridos y pasaban la eternidad en el reino encantado del Campo de los juncos. Otros mitos no incluyen las trampas demoníacas: las almas realizan un viaje fácil a través del Lago de los lirios, donde se enfrentan a una última prueba antes de llegar al Campo de los juncos.

Maat protegía este reino y todas sus residencias. Si una persona era lo bastante afortunada y tenía un corazón puro, tenía la oportunidad de ver a Maat. Su papel no consistía únicamente en pesar los corazones, sino que también apoyaba las almas de las personas del Campo de juncos que acataban sus reglas.

El papel de Maat en el kemetismo

En el kemetismo, el mito de la creación sostiene que en el principio el caos era lo único existente. Ra surgió del caos para crear el universo. Fue creado como un poder contra el caos. El papel de Maat en el kemetismo era similar al que desempeñaba en la antigua religión egipcia. Era la guardiana del orden, la armonía y la verdad y evitaba el caos. Representaba la justicia y la verdad. De ahí que su pluma determinara la valía del corazón de una persona. El concepto de *maat* y todo lo que representaba era muy importante en el kemetismo. Los adoradores realizaban rituales y oraciones específicas para honrar las leyes de Maat y ayudar a difundirlas entre los demás.

Cuando el alto y el bajo Egipto se unieron, los seguidores del kemetismo conocieron las cuarenta y dos reglas de Maat, que aplicaban en su vida cotidiana y utilizaban en sus confesiones negativas. El pesaje de los corazones también tenía lugar en su creencia en el inframundo o *duat* contra la pluma de la verdad de Maat. Si Maat comprobaba que la persona había acatado sus leyes, se le concedía la eternidad en el Campo de juncos, donde se encontraría con Osiris, que custodiaba sus puertas.

Un corazón ligero en el viaje espiritual

Un corazón ligero concede la eternidad en el paraíso o en el Campo de los juncos. Significa que una persona ha llevado una vida honesta y está en armonía con los dioses. Un corazón ligero es un corazón puro y virtuoso. Una persona debe garantizar que su corazón es ligero antes de embarcarse en un viaje espiritual. Un viaje espiritual implica autodescubrirse, hacerse preguntas, encontrar respuestas, encontrar el propio lugar en el universo, despertar el espíritu y experimentar un renacimiento. Durante este viaje, se toma conciencia de quién se es y quién se supone que se debe ser.

En este viaje se necesita un corazón ligero. Durante el viaje espiritual se despierta otra versión de usted: una más positiva, segura y poderosa. Convertirse en la mejor versión de usted mismo requiere un corazón puro que pueda soltar la ira, la codicia, la mentira y otros vicios y abrazar la positividad y la luz. Tanto si emprende un viaje espiritual para descubrirse, encontrar su lugar en el universo, crecer, conectar con una deidad o superar un pasado desafortunado, su corazón debe estar libre de todo lo que le ha frenado. La mayoría de las personas se guían por su corazón, y un corazón impuro le impedirá alcanzar el propósito de su viaje.

Puede tener un corazón puro siguiendo las leyes de Maat. Aunque estas reglas son antiguas, siguen siendo aplicables. Muchas cosas han cambiado a lo largo de los siglos, excepto lo que define a una buena persona. Estas leyes y principios atemporales le ayudarán a caminar por un sendero recto. Purifican su corazón del odio, la ira, la codicia, la envidia y todo lo que pueda mancharlo. Le otorgan el poder de llevar una vida honesta, aunque a veces parezca difícil.

En el kemetismo, aplicar los principios de Maat es necesario para vivir una vida equilibrada y tener un corazón ligero y puro.

Los siete principios y las cuarenta y dos leyes de Maat

En este capítulo se han mencionado varias veces los principios y las leyes de Maat. Aquí, descubrirá cuáles son estos principios y las leyes que se pueden aplicar en los tiempos modernos.

1. Orden

Maat es lo opuesto al caos, así que tiene sentido que su primer principio sea el «orden». El universo no fue creado al azar. Hay un patrón detrás de todo en la creación. Todo está en orden: la noche sigue al día, los planetas giran alrededor del sol y la luna atraviesa diferentes ciclos. Incluso en el mundo de las deidades hay una jerarquía, y cada dios y diosa conoce su lugar. El dios del inframundo no abandona su posición para gobernar los cielos o viceversa. Maat fue creada para poner orden en un universo antaño caótico y mantener el equilibrio. El orden es vida, ese es el eje principal del kemetismo. Sin orden, el universo sucumbiría al caos y perecería.

Puede aplicar el concepto de orden en la vida manteniendo su entorno organizado, limpio y libre de desorden.

2. Equilibrio

Encontrar el equilibrio entre los opuestos en la vida es necesario. No debe llevar una vida de excesos. Por ejemplo, una vida en la que solo se juega y no se trabaja es una pérdida de tiempo, y una vida en la que solo se trabaja y no se juega puede ser dura y aburrida. Encuentre el equilibrio en todo para vivir en armonía. En otras palabras, coexista con la naturaleza. No vacíe sus recursos y tome solo lo que necesite. No quiera privar a las generaciones futuras de los recursos de la madre naturaleza.

3. Justicia

La justicia es la base de la vida y uno de los principios más significativos de Maat. Al igual que los dioses no distinguen entre reyes y campesinos, las personas también deben tratar a todos por igual. Aplicar la justicia es vivir según un código ético en el que se pone lo que es correcto por encima de todo lo demás. Representa la igualdad en la que nadie pasa hambre y cada persona tiene cubiertas sus necesidades básicas: comida, agua, atención médica y un hogar. Todo el mundo debe ser tratado con respeto independientemente de su estatus social. Si se aplica la justicia, hay menos asesinatos, robos y engaños.

4. La verdad

La verdad es honestidad, tanto consigo mismo sobre quién es realmente y qué necesita, como con los demás diciendo la verdad y evitando las mentiras. Vivir su propia verdad requiere que se vea a sí mismo como realmente es y que sea su yo más verdadero y auténtico, sin mentir ni fingir. Todo lo que piense, diga o haga debe ser sincero. Es una muestra de respeto honrarse a sí mismo y a los demás con la verdad.

5. Reciprocidad

La reciprocidad se asemeja al concepto de karma o lo que va, vuelve. Este concepto está presente en muchas religiones, como el cristianismo y el budismo. Si hace buenas acciones y trata a todo el mundo con amabilidad y respeto, los demás le tratarán de la misma manera y le ocurrirán cosas buenas. En cambio, las malas acciones y la falta de respeto solo traerán negatividad a su vida.

6. Armonía

La armonía se logra cuando las personas, las plantas y los animales viven auténticamente y se mueven juntos de forma alineada.

7. Propiedad

La propiedad es la comprensión de que todos los seres vivos tienen derecho a existir. Todas las criaturas, como los animales, deben vivir en paz sin sentirse amenazadas o dañadas. Es similar al código ético en el que se basan el vegetarianismo y el veganismo. La propiedad también implica que no debe hacerse daño a sí mismo ni a los demás con palabras o acciones.

Las cuarenta y dos leyes de Maat

Las cuarenta y dos leyes de Maat se derivan de sus siete principios.

1. Nunca he maldecido.
2. Nunca he pecado.
3. Nunca he comido más de lo que debía.
4. Nunca he robado.
5. Nunca he mentido.
6. Nunca he matado.
7. Nunca he robado a una deidad.
8. Nunca he engañado a los dioses y diosas con ofrendas.
9. Nunca he utilizado la violencia para cometer un robo.
10. Nunca he robado comida.
11. Nunca me he enfadado sin motivo.
12. Nunca he ignorado la verdad.
13. Nunca he acusado a una persona inocente.
14. Nunca he sido infiel.
15. Nunca he escuchado a escondidas.
16. Nunca he hecho llorar a alguien.
17. Nunca he engañado a nadie.
18. Nunca me he sentido triste sin motivo.
19. Nunca he robado las tierras de alguien.
20. Nunca he atacado a nadie.
21. Nunca he traspasado mis límites.
22. Nunca he seducido a la mujer de otro hombre.
23. Nunca he sido imprudente ni he actuado sin pensar.
24. Nunca me he contaminado.
25. Nunca he perturbado la paz de nadie.
26. Nunca he asustado a nadie.
27. Nunca he sido violento.
28. Nunca he infringido la ley.
29. Nunca he maldecido a una deidad.
30. Nunca me he enfadado mucho.

31. Nunca he destruido un templo.
32. Nunca he exagerado la verdad.
33. Nunca he sido arrogante.
34. Nunca he cometido maldades.
35. Nunca he robado comida a un niño.
36. Nunca he contaminado el agua.
37. Nunca he faltado el respeto a los muertos ni les he robado.
38. Nunca he hablado con arrogancia o ira.
39. Nunca he robado nada que perteneciera a una deidad.
40. Nunca he maldecido con hechos, palabras o pensamientos.
41. Nunca me he puesto en un pedestal.
42. Nunca he tenido malas acciones, palabras o pensamientos.

Puede que se sienta culpable o desanimado por haber aprendido estas leyes hace poco. Sin embargo, nunca es demasiado tarde para empezar a trabajar en usted mismo. No importa lo que hizo ayer o quién era antes. Ahora que conoce las leyes de Maat, puede empezar un nuevo capítulo en su vida siguiendo sus reglas. El resto de su vida puede empezar hoy.

Las leyes de Maat le empujarán a ser mejor persona, le harán sentir bien con usted mismo y con su vida y fortalecerán su relación con los demás. Si no está seguro de necesitar estas reglas, pregúntese:

- ¿Estoy contento con mi vida ahora mismo?
- ¿Soy la mejor versión de mí mismo?
- ¿Estoy llevando una vida de la que debería sentirme orgulloso?
- ¿Estoy viviendo una vida honesta y auténtica?
- Si muriera hoy, ¿mi corazón sería ligero o pesado?
- ¿Qué puedo hacer para ser mejor y hacerlo mejor?

Le llevará tiempo memorizar estas leyes para incluirlas en su vida. Puede ayudarle escribirlas en una nota en su teléfono y leerlas todos los días antes de acostarse y al levantarse, para tenerlas siempre presentes. Puede escribirlas como preguntas en su diario, por ejemplo: ¿Hoy he mentido? ¿He hecho llorar a alguien? ¿He sido arrogante? ¿Me he enfadado sin motivo? O puede escribir cada ley en un trocito de papel, doblarlos todos y ponerlos en un cuenco. Cada mañana elija al azar un trozo de papel y haga dos o tres cosas para aplicar la ley.

Maat, como concepto o diosa, es una parte fascinante de la historia del antiguo Egipto. Todo lo que representaba y sus leyes y principios aún pueden aplicarse en la era moderna. Lleva tiempo y esfuerzo acostumbrarse a sus enseñanzas, pero con persistencia, podrá tener un corazón ligero. Recuerde, tener un corazón ligero no significa ser perfecto o no cometer pecados. Se trata de dejar que lo bueno que hay en usted pese más que lo malo.

Capítulo 3: Dioses creadores supremos

En los sistemas de creencias de las culturas africanas, los dioses creadores supremos eran los responsables de la creación de las personas y del mundo. Son los dioses más importantes y elevados del panteón y tienen muchos puntos comunes entre ellos. Estos dioses tienen tanto en común porque probablemente provienen de la misma fuente. Las similitudes son una prueba de que una religión panafricana anterior se fragmentó con el tiempo y el lugar a medida que la gente se asentaba, cultivaba y adoptaba nuevas prácticas. Además de ser creadores, estos dioses supremos también son notablemente importantes en estas culturas. Por ejemplo, algunos son conocidos como intermediarios entre los humanos y otros seres divinos. Otros son menos importantes, pero tienen características específicas que los distinguen de los demás. Este capítulo explora los dioses creadores supremos en las religiones de origen africano. Por ejemplo, la religión yoruba venera a Olodumare como su ser supremo. Olodumare creó y gobernó todas las cosas. Él determinó el destino de los humanos y sus caracteres. Bondye, otro ser supremo, es venerado como creador del mundo y sustentador del equilibrio en el *vudú*.

Los dioses creadores supremos son el orden más elevado de deidades
Image_of_an_African_Songye_Power_Figure_in_the_collection_of_the_Indianapolis_Museum_ of_Art_(2005.21).jpg: RichardMcCoyderobra derivada: IdLoveOne, CC BY-SA 3.0 <https://creativecommons.org/licenses/by-sa/3.0>, vía Wikimedia Commons <https://commons.wikimedia.org/wiki/File:Image_of_an_African_Songye_Power_Figure_in_the_c ollection_of_the_Indianapolis_Museum_of_Art_(2005.21)-EDIT.jpg>

Olodumare

Olodumare, también llamado Olorun u Olafin-Orunis, es la deidad suprema venerada en la religión yoruba, la santería, la umbanda, el catolicismo popular y el candomblé. La palabra «*olodumare*» es una combinación de dos palabras: «*olofin*» y «*odumare*», que significan «espíritu noble» y «señor». Es el dios de la creación y el dueño de todas las cosas. En pocas palabras, es quien lo ha hecho todo posible.

Olodumare no es ni hombre ni mujer y a menudo se le llama «ellos». Pocas personas conocen a Olodumare. Pero quienes sí, pueden tener más preguntas que respuestas. ¿Quién es exactamente este dios? ¿Por qué debemos adorarlo? ¿Por qué querría alguien seguirle?

¿Quién es Olodumare?

Olodumare es la deidad suprema de las tradiciones religiosas yoruba. Como creador y gobernante del universo, es la fuente última de todo poder. Olodumare suele considerarse una deidad monoteísta. Su nombre significa «el dueño de la casa», «el dueño del mercado» o «el rey del mercado». En este caso, el mercado es el mundo, y él es el dueño. Como deidad suprema y creadora de todas las cosas en el panteón yoruba de dioses y diosas, vive en el cielo, donde viven los dioses. Todas las criaturas y espíritus de la tierra, el aire y el mar están sometidos a él, pero no es omnipresente ni camina sobre la Tierra, aunque permanece activo y responde a las plegarias.

Como la religión yoruba se transmite oralmente, existen varias versiones de los mitos y leyendas. Algunas historias describen a Olodumare como una deidad ausente que no interviene en la vida de los hombres. Vive en el cielo, lejos de la gente y sus asuntos, y ni siquiera escucha sus plegarias. Por ello, existen los *orishas* como intermediarios entre Olodumare y la humanidad. Sin embargo, otras leyendas cuentan una historia diferente de una deidad atenta que conoce los asuntos del hombre y los *orishas*.

El significado simbólico de Olodumare

El pueblo yoruba entiende al dios del cielo y los cielos, Olodumare, de muchas maneras. Creó el universo y todas las cosas que hay en él y es la fuente última de autoridad, ley y orden. Por ello, se le considera el Ser Supremo, al que no se puede desobedecer. Es la fuente de la sabiduría, el conocimiento y la comprensión. A través de Olodumare, aprendemos y crecemos. Es el juez de todas las personas y decide su destino después de la muerte. Él es quien reparte recompensas y castigos y decide si alguien debe ser enviado al cielo o al infierno después de la muerte.

¿Cómo creó Olodumare el mundo?

Las religiones africanas creen que la creación tuvo lugar en diferentes planetas de diversos sistemas a lo largo del universo en diferentes momentos. Existen varias versiones de esta historia de la creación, según el lugar. Una de las más conocidas es la de la araña y la palmera. En esta historia, Olodumare creó primero una araña. Le dijo que tejiera una tela lo bastante fuerte como para sostener el mundo. La araña lo intentó durante mucho tiempo, pero no lo consiguió. Olodumare la mató y utilizó sus restos para crear una palmera. Entonces, le dijo a la palmera que se inclinara y formara el suelo del mundo. El árbol se inclinó tanto que formó una estructura en forma de cuenco en la superficie de la Tierra. Olodumare utilizó agua del océano para llenar el cuenco, formando los océanos y los mares. Utilizó un poco de tierra para crear tierra seca, que formó los continentes. Utilizó el tronco de la palmera para crear las montañas y las hojas del árbol para hacer los bosques. Por último, dobló las ramas del árbol para formar el cielo.

Otra versión de la historia de la creación implica a Obatala, el padre del cielo. Tras la creación del universo, solo había cielo y agua. Obatala no estaba satisfecho con la creación del universo y sentía que le faltaba algo. Se dirigió a Olodumare para pedirle permiso para crear tierra firme, y él se lo concedió. Con la ayuda de otros *orishas*, Obatala obtuvo las herramientas necesarias y descendió a la Tierra para construir colinas, valles y montañas. Pasó algún tiempo disfrutando de su nueva creación, pero se sintió solo y aburrido. Volvió a pedir permiso a Olodumare para crear la humanidad, y la deidad accedió. Después de que Obatala creara a los humanos, Olodumare les insufló vida. Por lo tanto, cada ser vivo posee una parte de lo divino en su interior.

Olodumare no estaba contento con el estado del mundo. Sentía que faltaba algo. El mundo necesitaba una fuerza positiva que aportara alegría y felicidad, así que creó a Oshun, el *orisha* del amor.

Los *orishas*

Los yoruba creen que Olodumare creó espíritus responsables de diversos aspectos de la vida y del mundo natural. Estos espíritus se llamaban *orishas*. Estos *orishas*, como Oshu, Orunmila y otros dioses, son intermediarios entre la humanidad y Olodumare. Son responsables de mantener la armonía y el orden en el universo. Los *orishas* también son responsables del bienestar de los habitantes de la Tierra y actúan como guardianes, proporcionando consejos, curación y otros tipos de ayuda a los humanos. Lo que hace a los *orishas* especiales es que se cree que una vez fueron humanos. Por eso comprenden las condiciones humanas y ayudan a los humanos cuando lo necesitan. Olodumare tiene un vínculo especial con los *orishas* y les confía los asuntos del mundo. Sin embargo, esta confianza ha sido, en ocasiones, traicionada. Los *orishas* han conspirado en más de una ocasión para matar a Olodumare.

Religiones que rinden culto a Olodumare

Muchas religiones rinden culto a Olodumare. Algunas son la religión yoruba, la religión *ifá*, la religión *obeah*, las religiones tradicionales africanas y las religiones caribeñas. También muchas religiones de la Nueva Era rinden culto a Olodumare. Para los yoruba, Olodumare es la deidad suprema. Creen que creó el mundo y todo lo que hay en él. Habla a sus seguidores a través de sus sacerdotes y sacerdotisas, conocidos como *babalawos*. Están entrenados en un sistema de adivinación conocido como *ifá*. *Ifá* es una religión tradicional que se practica en África Occidental desde la antigüedad. Actualmente se practica sobre todo en Nigeria, Ghana, Togo y Benín. *Ifá* hace hincapié en la importancia de la naturaleza y el medio ambiente y enseña que los seres humanos pueden vivir en armonía con el mundo viviendo de un modo respetuoso. La religión *obeah* es una religión tradicional africana que se practica principalmente en Jamaica y otras islas del Caribe. Combina la religión yoruba y elementos religiosos de África Occidental con el cristianismo y otras influencias. Una de sus deidades centrales es Olodumare. Las religiones tradicionales africanas son religiones afines que se practican en muchos países africanos. La mayoría rinde culto a Olodumare, pero algunos también a Orungan y Obatala.

¿Cómo rinden culto a Olodumare?

Los seguidores de Olodumare le rezan para que les guíe y les ayude a llevar una vida armoniosa y compasiva. Suelen pedirle curación y orientación en cuestiones relacionadas con la salud. Aunque no hay santuarios específicos dedicados a él (porque no vino a la Tierra y no se sabe qué aspecto tiene), los seguidores de Olodumare suelen crear santuarios dedicados a él y a otros *orishas*. Estos santuarios suelen encontrarse en las casas de las personas que practican la religión de los *orishas*. Se encienden velas, se derraman libaciones y se reza a ellos. A menudo, dejan regalos, como dulces o flores, como ofrenda a los *orishas*. Algunos también ofrecen sacrificios de animales a sus *orishas*, pero no es una práctica generalizada.

¿Cómo se relacionan los seguidores con Olodumare?

Hay muchas formas de conectar con Olodumare. Una es seguir cualquiera de las religiones que le rinden culto. Otra es meditar en su nombre y pedir que lo guie. Otras formas son rezarle o leer sobre su creación y sus obras. Puede que se sienta desconectado de lo divino si falta algo en su vida y no se siente realizado o feliz. No tiene por qué ir por la vida sintiendo que le falta una parte. Puede conectar con lo divino de muchas maneras, pero debe hacerlo.

Bondye

Al principio, había oscuridad, caos y ruido. Puede que no se sepa cómo ni cuándo se creó el mundo, pero sí se sabe que los haitianos tenían mucho que decir al respecto. Dado que la religión haitiana procede de una cultura y una región diferentes, la historia del origen de su dios supremo difiere de la de Olodumare. Bondye, también conocido como *Gran Mèt* o *Grand Maître*, es el creador supremo de todas las cosas. Nuestra comprensión de esta deidad vudú es limitada, ya que la mayoría de los recursos solo dan una visión general de su papel en los rituales vudú. Sin embargo, si se investiga más a fondo, se puede comprender por qué este complejo sistema de creencias proporciona un simbolismo tan rico a sus seguidores.

¿Quién es Bondye?

La mayoría de los haitianos practican el vudú, una religión surgida en África Occidental que combina elementos de la espiritualidad africana y el catolicismo. Una de las figuras más importantes del panteón vudú es Bondye, un dios creador que a menudo se equipara a Dios en el cristianismo u otras religiones. Sin embargo, no existe un diablo equivalente. Se le suele representar como un anciano de larga barba y cabellos que llegan hasta el suelo. Es la fuente de todas las cosas y el benefactor de toda la humanidad.

El significado simbólico de Bondye

Bondye suele ser representado con una caracola que simboliza su voz, que utilizó para crear el mundo. Tiene otros dos símbolos: una jarra de fuego y una cruz azul. Los símbolos de Bondye representan su poder para crear vida y luz. Sus colores son el blanco y el negro, porque la oscuridad y la luz tienen cualidades opuestas que representan la dualidad de todas las cosas.

El papel de Bondye fue crear todo lo que existe en el mundo, incluidas las personas, los animales y las cosas materiales como las plantas y los minerales. Desde su trono en el centro del mundo, supervisa todo lo que ocurre en la Tierra, dándole forma al hacer que llueva y dándole vida al hacer que la luz del sol brille sobre ella. Cuando alguien le reza, invoca su poder para hacer realidad sus deseos.

Bondye también es considerado un protector contra fuerzas malignas como las maldiciones vudú y un oráculo que ayuda a la gente a comunicarse con espíritus de más allá de este mundo. Además, es un juez que decide quién vive y quién muere en la Tierra por las buenas o malas acciones que realizó en vida.

El nombre Bondye procede de las palabras francesas *bon* y *dye*, que significan «dios bueno». Al igual que Olodumare, Bondye no se involucra en los asuntos de la humanidad, por lo que creó a los *Iwas* para que le ayudaran y fueran intermediarios entre él y los humanos. Puede ser que la falta de implicación de Bondye se deba a su desinterés. Sin embargo, Bondye, al igual que Olodumare, representa muchas complejidades que suelen asociarse a las deidades supremas. Es demasiado complicado para que la mente humana interactúe con él o lo comprenda. Está más allá de nuestra comprensión. Por eso creó a los *Iwas*, que son entidades simples pero divinas. Los *Iwas* son seres imperfectos con muchos defectos, como los humanos. Esto nos lleva a preguntarnos si Olodumare y Bondye crearon a propósito a los *orishas* y a los *Iwas* para que fueran imperfectos. Probablemente, los dioses pretendían que las entidades con las que la gente interactúa a diario fueran identificables.

¿Cómo creó Bondye el mundo?

Lo primero que creó Bondye fueron los espíritus (*Iwas*). Fueron creados para ayudar a la gente a superar los momentos difíciles de la vida.

Después de crear los espíritus, Bondye creó a los humanos. Cuando las personas nacían, salían del propio Bondye. Tenían diferentes colores de piel o rasgos faciales dependiendo de la parte de Bondye de la que procedieran.

A continuación, Bondye creó la Tierra. Hizo que las plantas crecieran a partir de semillas y colocó animales sobre la Tierra. Luego creó islas y montañas para proteger a sus creaciones de demonios y espíritus malignos. Por último, se transformó en la noche y lo cubrió todo de oscuridad para alejar el mal.

Cuando la gente adora a Bondye, cree que participa en una danza cósmica de creación. Crean su propio mundo con la ayuda de Bondye. Junto con Bondye, la gente que le rinde culto también participa en la creación de su mundo. Están creando su lugar para vivir, donde se sienten cómodos y seguros.

Lwa

Los espíritus que pertenecen a Bondye son diferentes de los *orishas* de Olodumare. Por ejemplo, los *lwa* son antepasados que una vez fueron humanos. Los *orishas* eran dioses y diosas separados de sus seguidores.

Esta diferencia también incluye la creación de *lwa* o *loa*, que encarnan los valores haitianos para compartir su sabiduría con los demás. Los *lwa* son poderosos sanadores y protectores. Mantienen a salvo a las personas y las guían en su camino de la vida. Por ejemplo, si alguien está pasando un mal momento en el trabajo o en la escuela, un espíritu puede venir con consejos sobre cómo afrontarlo o protegerse de males mayores. Además, cuando alguien está en peligro, el espíritu puede ayudarle a encontrar una salida a la situación o a ponerse en contacto con los servicios de emergencia para escapar lo antes posible. Los espíritus Bondye también tienen personalidades diferentes. Algunos tienen más poder que otros, pero todo depende de la conexión con ese espíritu y de la voluntad de trabajar con él y darle órdenes.

¿Cómo rinden culto a Bondye los seguidores?

El vudú abarca actividades sencillas, como la posesión de espíritus, y también rituales más complejos, como la consagración de un altar o una ofrenda para un *lwa* (espíritu) concreto. Los seguidores rinden culto a Bondye a través de una serie de rituales, a menudo con tambores, danzas, cantos y estados de trance. Durante el ritual, los seguidores pueden comunicarse con los espíritus de sus antepasados y con Bondye.

¿Cómo se conectan los seguidores con Bondye?

Los seguidores del vudú haitiano se conectan con sus dioses o con el poder supremo a través de diversos métodos. En algunos casos, estos métodos reflejan las creencias religiosas del seguidor, mientras que en otros pueden ser más personales o idiosincrásicos. Entre los métodos más comunes están la oración y la danza ritual, como el *sabbat*. Además, muchos practicantes del vudú haitiano utilizan hierbas y remedios herbales para conectar con sus dioses. Según las necesidades de cada adepto, estos métodos pueden utilizarse solos o combinados con otros. Aunque ningún método es intrínsecamente superior a otro, cada uno tiene ventajas e inconvenientes. Algunos son más eficaces para las personas en determinados momentos, mientras que otros pueden tener un impacto más duradero en el bienestar espiritual general.

¿Por qué es importante Bondye?

La historia del creador supremo del vudú haitiano, Bondye, es intrigante, compleja y de gran importancia para los seguidores de esta religión. La historia de la creación de Bondye y sus dos ayudantes es un bello ejemplo de cómo diversas culturas pueden mezclarse y producir algo único. Bondye es el creador supremo de todas las cosas, buenas y malas, para los seguidores del vudú haitiano. La historia de su creación nos remonta a una época en la que reinaba el caos. Es una historia de luz que emerge de la oscuridad y de orden que surge del caos.

¿Por qué estas religiones necesitan un creador supremo?

Las religiones africanas siguen a un creador supremo por varias razones, entre ellas, probablemente nacieron de un periodo de desorganización social. En otras palabras, se crearon para preservar la identidad cultural. Como la gente se desplazaba y cambiaba su estilo de vida, idearon nuevas formas de explicar quiénes eran y de dónde venían. También es posible que estuvieran naturalmente más inclinados a creer en un creador supremo que los no africanos. Aunque esto no sea cierto, no significa que la creencia en un creador supremo no tenga sentido. Las culturas africanas siempre han sido conocidas por sus fuertes creencias espirituales y su conexión con la tierra. Por lo tanto, tiene sentido que crean en un creador supremo.

Las religiones africanas siguen a un dios supremo por varias razones:

- Surgieron en el continente y los africanos tienen afinidad con sus dioses ancestrales.
- Muchos dioses africanos tienen similitudes con otras religiones del mundo, lo que los hace familiares y accesibles.
- Estas religiones tienen un gran número de seguidores en todo el continente, lo que proporciona un punto de anclaje para que la gente se reúna y se organice.

Estas son algunas de las razones por las que las religiones africanas siguen a un dios supremo. Otras son las limitaciones de espacio, la falta de familiaridad con otras deidades y las influencias culturales. Todos estos factores influyeron significativamente en el desarrollo religioso africano.

El concepto de dios supremo creador procede de las religiones africanas. Sus creencias se centran en un dios único que creó todas las cosas o en un grupo de dioses que son los más elevados y poderosos de su especie.

Estos dioses creadores supremos son mucho más grandes que los humanos y suelen tener nombres diferentes en las distintas culturas. Casi siempre están separados de la naturaleza. Pueden seguir residiendo fuera del mundo natural o simplemente estar apartados de él hasta que lo recuperen de nuevo o envíen a sus seguidores de vuelta a él.

La humanidad se lo debe todo a las deidades supremas. Ellas crearon el universo e insuflaron vida a todos los seres vivos. Aunque existan lejos de la gente, no pueden ser acusadas de abandonar su creación. Dejaron el mundo al cuidado de los *orishas* y los *lwas*, que nunca han dejado de servir como apoyo y guía. Tanto si los dioses están implicados como si no, existen en todas sus creaciones.

Capítulo 4: Los *lwa* y los *orishas*

A medida que aprenda más sobre las prácticas espirituales africanas, los términos *lwa* y *orishas* aparecerán con bastante frecuencia. Es fácil confundirlos, ya que tienen muchas similitudes. Sin embargo, hay una diferencia clave entre ambos. Los *lwa* son espíritus en las religiones vudú, mientras que los *orishas* son dioses en la religión yoruba. Este capítulo ofrece información detallada sobre los *lwa* y los *orishas*, sus similitudes y diferencias.

Los *orishas* son dioses en la religión yoruba
Omoeko Media, CC BY-SA 4.0 https://creativecommons.org/licenses/by-sa/4.0, vía Wikimedia Commons https://commons.wikimedia.org/wiki/File:Orishas_in_Oba%27s_palace,_Abeokuta.jpg

Los Lwa

La palabra «*lwa*» significa espíritus, pero estas entidades no son espíritus ordinarios. Son seres divinos de gran importancia en las prácticas de vudú haitianas. Sin embargo, a diferencia de los *orishas*, no son dioses. Los *lwas* o *loas* son espíritus intermediarios que viajan entre el cielo y la tierra para entregar los mensajes de la humanidad a Bondye, el dios creador en las religiones vudú. Nadie sabe cuántos *loas* existen. Podrían ser infinitos, ya que hay algunos que desconocemos, pero en el vudú hay unos mil *loas*. Se dividen en familias, como los *Guede*, los *Petwo lwa* y los *Rada lwa*. Cada familia difiere en su música, rituales, ofrendas y danzas.

Según las creencias del vudú haitiano, los *loas* están por todas partes a nuestro alrededor en el mundo natural. Existen en las plantas, las montañas, los ríos, los árboles, etc. Los *loas* son espíritus útiles asociados a diversos aspectos de la naturaleza, como el viento y la lluvia, y ayudan a la humanidad en muchas actividades cotidianas como la agricultura, la lucha y la curación de los enfermos. Sin embargo, son algo más que espíritus útiles. Son lo bastante poderosos como para cambiar el destino de alguien. No tienen una forma específica, ya que son espíritus. Suelen aparecerse a la gente mediante la posesión de una persona dispuesta durante un ritual para interactuar con los asistentes.

Algunos *loas* eran originalmente espíritus de los muertos, pero muchos proceden de dioses y diosas africanos. Residen con los espíritus de los muertos en un lugar llamado Vilokan. Legba, un destacado *lwa* masculino, monta guardia a las puertas del Vilokan. Nadie puede comunicarse con un *lwa* o con los espíritus de Vilokan sin su permiso. En las prácticas vudú, los practicantes invocan a sus *lwas* para pedirles ayuda. Los apaciguan haciéndoles diversas ofrendas, como bebidas o comida.

Durante la esclavitud y tras la llegada del cristianismo, los esclavos que vivían en lugares como Luisiana y Haití no abandonaron sus creencias paganas. Combinaban los *lwas* con algunos de los santos católicos. Negarse a abandonar su religión era una forma de rebelión contra la opresión a la que se enfrentaban. Aferrarse a sus creencias y a su historia era su forma de mantener su identidad.

Veneración de los *loas*

A diferencia de Bondye, los *loas* estaban más implicados en la vida cotidiana de la gente. Aunque desde fuera la relación entre la humanidad y los *loas* parece exigente, ya que los humanos les sirven, no deja de ser una relación muy satisfactoria. Los *loas* influyen significativamente en las prácticas de vudú, y servirles es una de las principales actividades de la religión. Aunque los *loas* son serviciales y generosos, también tienen un lado oscuro que puede evitarse fácilmente. Honrarlos y presentarles ofrendas protege de su ira y su castigo. La relación entre los *loas* y los humanos es mutuamente beneficiosa. Los humanos les presentan ofrendas y devociones y los loas les ofrecen a cambio protección, favores, bendiciones y curaciones.

Los practicantes de vudú veneran mucho a los *loas*, como se entiende por la forma en que los invocan. Les rinden el mismo respeto que a una persona mayor, llamándoles «*manman*», que significa madre, «*papa*», que significa padre, y «*metrès*», que significa señora. Los practicantes celebran ceremonias específicas para los *loas*. Estas ceremonias tienen carácter religioso y suelen celebrarse en un templo vudú dirigido por un sacerdote o una sacerdotisa.

Las ceremonias rituales de los *loas* suelen incluir tambores, danzas, canciones, oraciones y la práctica de *veves*. Los *veves* son rituales específicos en los que los participantes dibujan símbolos llamados «*veve*». Hay tantos *veves* como *loas*, ya que cada uno tiene asociado un símbolo o más. El propósito de estas ceremonias es invitarles a aceptar las ofrendas. Cuando el *lwa* llega a la ceremonia, posee al sacerdote o a la sacerdotisa que dirige el ritual. En algunos raros casos, posee a uno de los asistentes. La posesión permite a los *loa* comunicarse con los fieles. Es la oportunidad perfecta para que hagan preguntas o pidan favores a su *loa*.

La posesión no es una experiencia negativa ni peligrosa como en las películas. Los *loa* no pretenden hacer daño; responden a las llamadas y oraciones de la gente y poseen a un anfitrión dispuesto. Proporciona orientación y curación. Como la palabra posesión tiene una connotación negativa, mucha gente utiliza en su lugar el término «intermediación».

El Panteón de los *lwa*

Los *loas* se clasifican en familias dependiendo de sus características y responsabilidades. Esta parte del capítulo se centra en las tres familias *loas* más significativas: *Rada lwa*, *Ghede lwa* y *Petro lwa*.

Rada lwa

Los *Rada lwa* son originarios de África Occidental. Se trata de una familia de espíritus o deidades conocidas por su creatividad y su naturaleza tranquila y bondadosa. Aunque los *Rada loa* tienen un temperamento tranquilo, algunos presentan aspectos similares a las características agresivas de los *Petro lwa*. Estos *loas* eran muy venerados entre los esclavos traídos a América. Muchos *Rada loa* se integraron en el cristianismo y se asociaron con varios santos.

Una de las figuras más significativas del panteón *Rada lwa* es Papa Legba. Aunque es un espíritu muy poderoso, se le conoce por ser travieso y un embaucador que puede incluso engañar al destino. Las personas que se enfrentan a una decisión difícil o necesitan un cambio en sus vidas invocan a Legba para que les guíe. Todos los rituales deben comenzar invocando a Legba, ya que es el guardián del mundo sobrenatural y el intermediario entre la humanidad y los *loas*. En algunos lugares de África, Legba es considerado un dios de la fertilidad. En otros, es el guardián de los niños. A menudo se le asocia con San Pedro, el guardián del cielo del cristianismo.

Dambala es otra figura prominente, y es el rival de Legba. Según el mito africano, Dambala fue el primer *lwa* creado por Bondye y le ayudó a crear el universo. De ahí que se le considere una figura paterna para la humanidad. Su imagen es la de una serpiente blanca. Las leyendas cuentan que mudó su piel para crear valles y montañas. Dambala representa la sabiduría, la magia curativa y el conocimiento. Vive entre el mar y la tierra y también se le asocia con San Patricio.

Erzulie es una *lwa* femenina asociada a los colores rosa y azul. Es la diosa del amor y la belleza y simboliza la sensualidad y la feminidad. La invocan las mujeres que se enfrentan a problemas relacionados con la sexualidad femenina o la maternidad. Erzulie se asocia al tema cristiano de la Dama de los Dolores que está constantemente afligida por lo que no puede tener y suele llorar al final de los rituales.

Loco, el patrón de los curanderos, y su esposa Ayizan, la gobernante del comercio, son considerados *loas* prominentes en el panteón de *Rada loa*. Son los padres del sacerdocio espiritual, ya que fueron el primer sacerdote y la primera sacerdotisa.

Ghede lwa

El panteón *Ghede lwa* está asociado con el deseo sexual y la muerte. Son los encargados de llevar los espíritus de los muertos al inframundo. Estos *loas* son conocidos por su comportamiento obsceno, por hacer bromas inapropiadas o movimientos de baile provocativos. Aunque se les asocia con la muerte, son conocidos por disfrutar y celebrar la vida.

El Barón Samedi es el *lwa* superior del panteón *Ghede lwa*. Es el *lwa* de la muerte y es extremadamente poderoso. Recibe a los espíritus de los muertos y los guía en su viaje al otro mundo. El Barón Samedi es representado como un cadáver cubierto de tela negra, que es la costumbre tradicional de los entierros haitianos. Es el protector de los cementerios y es muy venerado y temido entre los seguidores del vudú. Al igual que a su familia, al Barón Samedi le gusta decir palabrotas, hacer chistes groseros, beber y fumar. Es conocido por sus múltiples romances con mujeres mortales, a pesar de estar casado con la mujer *lwa* Manman Brigitte. No solo ayuda a los muertos, sino también a los vivos. Puede levantar maldiciones, curar a los enfermos y resucitar a los muertos. La gente lo invoca para salvar a los enfermos y moribundos.

Petro lwa

Petro o *Petwo lwa* no es tan antigua como las otras familias, ya que es originaria de Haití. Son los *loas* de temperamento caliente y agresivo, a diferencia de los *Rada* y los *Gehde*. Por esta razón, pueden ser invocados para prácticas oscuras y magia. Categorizar a los *Petro lwa* como malvados es ingenuo, ya que muchos son invocados en rituales para proporcionar ayuda en lugar de daño.

Los *orishas*

Los *orishas* u *orisas* son deidades o espíritus menores de la religión yoruba. Al igual que los *loas*, actúan como mediadores entre el dios supremo yoruba, Olodumare, y la humanidad. Al igual que en el vudú, la deidad suprema no se involucra directamente con las personas y sus asuntos. Son los *orishas* quienes les ayudan en sus actividades cotidianas. La simple mente humana nunca comprenderá la complejidad de Olodumare, así que este creó a los *orishas* como diferentes aspectos de sí mismo. No hay tantos *orishas* como *loas*, ya que solo hay 401 *orishas*. Cuando los yorubas esclavizados llegaron a América y fueron introducidos al cristianismo, combinaron a los *orishas* con santos cristianos católicos, al igual que sucedió con los *loas*.

Por esta razón, países como Brasil y Cuba se refieren a los *orishas* como Santos o Santas. Otra similitud con los *loas* es que muchos *orishas* fueron una vez los espíritus de los muertos. Sin embargo, estos eran los espíritus de individuos sabios e intelectuales.

Los practicantes invocan a los *orishas* en busca de guía, ayuda e iluminación. Muchas personas de todo el mundo, como los *wiccanos*, los neopaganos y los seguidores de la santería, veneran a los *orishas* y los incorporan a sus rituales. Los *orishas* se representan con formas humanas y pueden aparecerse a la gente a través de posesiones como las *loas*.

El principal propósito de los *orishas* es ayudar a la humanidad sin beneficio egoísta. Sin embargo, tienen una personalidad y unas características con puntos fuertes y débiles, que los hacen más parecidos a los humanos que a los dioses. Como resultado, desafían su propósito y, en lugar de ayudar, se centran en conseguir beneficios propios. Ni la humanidad ni los *orishas* son perfectos y pueden sucumbir al lado oscuro y volverse arrogantes, envidiosos u orgullosos. En una leyenda, los *orishas* se rebelan contra Olodumare y se niegan a seguir sus órdenes porque creen que deben gobernar el universo al estar más involucrados en los asuntos de la humanidad. Cuando Olodumare se entera, detiene la lluvia, provocando la sequía y la muerte de las tierras y los cultivos. Fue una dura lección para los *orishas*, que se arrepintieron y pidieron perdón a Olodumare. Aunque sus cualidades humanas los metieron en problemas con Olodumare, también hicieron que los practicantes se sientan identificados con ellos. No son seres perfectos alejados de la humanidad. Tienen defectos, lo que facilita que la gente se identifique y simpatice con ellos.

Al igual que los *loas*, los *orishas* existen en la naturaleza y aceptan ofrendas de comida y bebida. Cada *orisha* está asociado con un color y un número y tiene sus ofrendas favoritas. Entendiendo a los *orishas* y sus personalidades, puede dar la ofrenda correcta a cada uno para que la reconozcan. Los *orishas* gobiernan la naturaleza, y se puede aprender sobre sus personalidades y temperamento observando las fuerzas de la naturaleza que representan.

Venerar a los *orishas*

Los rituales que incluyen danzas y tambores ayudan a los practicantes a comunicarse con los *orishas*. Al igual que ocurre con los *lwa*, un *orisha* posee al sacerdote que dirige el ritual, lo que se conoce como posesión en trance. La posesión en trance es muy importante para venerar a los *orishas* en la santería. Se celebra una ceremonia para los *orishas*, llamada bembé (fiesta de tambores). El propósito de estas ceremonias es el mismo que el de las *loas*: invitar a un *orisha* a comunicarse con los sacerdotes asistentes.

Durante estas ceremonias se interpretan canciones y danzas específicas para atraer al *orisha*. Quienquiera que el *orisha* elija para poseer debe considerarlo un gran honor y una bendición. Al igual que los *loas*, los *orishas* solo poseen a sacerdotes o sacerdotisas. Sin embargo, si intervienen (poseen) a uno de los asistentes, significa que esta persona debe convertirse en sacerdote o sacerdotisa. Durante la posesión en trance, los asistentes pueden comunicarse con el *orisha*. La identificación es una experiencia gozosa que deja a la persona más sabia y asombrada de ser anfitriona de un ser tan poderoso.

Se puede venerar a *orishas* y *loas* juntos o solo a los *orishas*, ya que pueden sustituir a los *loas* en muchos rituales.

El panteón de los *orishas*

El panteón de los *orishas* es diferente al de los *loas*, ya que no están categorizados en familias. Esta parte del capítulo se centra en los *orishas* más significativos en la religión yoruba y la santería.

Eshu

Eshu o Elegba, similar a Papa Legba, es el dios del engaño y la travesura. Tiene los mismos poderes que el dios nórdico Loki, pero Eshu no es tan malvado como su homólogo y no daña a la humanidad ni a otros dioses. Actúa como mensajero entre la humanidad y el mundo de los espíritus. Eshu goza del favor de Olodumare desde que le ayudó durante la rebelión de los *orishas*. Eshu fue quien le dijo a Olodumare que los *orishas* no seguían sus órdenes. En otra historia, Olodumare tiene pánico a los ratones, así que los *orishas* deciden aprovecharse de esta debilidad y asustarle hasta la muerte para gobernar en su lugar. Su plan estuvo a punto de funcionar, pero Eshu interfirió y rescató a Olodumare, quien castigó a los *orishas* implicados y recompensó a Eshu. La recompensa de Eshu consistió en que podía hacer lo que quisiera sin consecuencias, lo que le permitía realizar muchos trucos y travesuras.

Shango

Al igual que el dios nórdico Thor, Shango, o Chango en la santería, es el dios del trueno. Controla el rayo y el trueno y se asocia con la magia, la masculinidad y la sexualidad. Está casado con tres *orishas*: Oba, Oya y Oshun. Los practicantes le invocan para eliminar maleficios y maldiciones. En el cristianismo se le asocia con Santa Bárbara.

Oya

Oya es la protectora de los muertos y se asocia con los cementerios, los antepasados y el clima. Gobierna sobre todos a los muertos, incluidos los animales y las plantas. Oya es la diosa del cambio y, como el clima, cambia constantemente y nunca permanece mucho tiempo en el mismo estado. Oya es también una guerrera feroz, que a menudo lucha al lado de su esposo en la batalla. Ha sido relacionada con Santa Teresa en el cristianismo.

Oshun

Oshun es la *orisha* de los ríos, la fertilidad, el amor y el matrimonio. Gobierna todas las relaciones y se asocia con los genitales y la belleza femenina. El papel de Oshun fue crucial en la leyenda en la que Olodumare provocó la sequía en respuesta a la rebelión de los *orishas*. Los *orishas* se arrepintieron de sus actos y lloraron para suplicar a Olodumare que devolviera la lluvia. Sin embargo, sus voces nunca llegaron hasta él. Oshun decidió llevar el mensaje de arrepentimiento de los *orishas* a Olodumare y rogarle que los perdonara. Se transformó en pavo real y emprendió un largo viaje hasta Olodumare. Sin embargo, voló demasiado cerca del sol y se quemó las alas. Consiguió transmitir el mensaje, aunque perdió las alas y enfermó. Olodumare quedó impresionado por su valor y persistencia, la curó y sustituyó las alas quemadas del pavo real por las de un buitre. La honró convirtiéndola en la única *orisha* que le entregaba mensajes. Oshun se corresponde con Nuestra Señora de la Caridad, un aspecto de la Virgen María.

Orunmila

Orunmila u Ornula es el *orisha* de la sabiduría, el conocimiento y la adivinación. Es el único *orisha* que no interactúa con la humanidad a través de la posesión o la interferencia. Los practicantes se comunican con él a través de la adivinación. Orunmila es uno de los *orishas* más antiguos, ha existido desde el principio de los tiempos y fue testigo de la creación de la humanidad. Por lo tanto, conoce el destino de la humanidad y el pasado, presente y futuro de cada alma. Los practicantes invocan a Orunmila para comprender lo que les depara el futuro y saber si sus acciones les ayudarán a alcanzar su destino. En el cristianismo se le asocia con San José, San Felipe y San Francisco de Asís.

Yemaya

Yemaya es la protectora de las mujeres y la *orisha* de los mares, el misterio y los lagos. Se la considera una figura materna, ya que está asociada con la maternidad. Es la madre de los *orishas*, por lo que es una de las más veneradas del panteón. Se parece a Nuestra Señora de Regla en el cristianismo católico.

Osain

Osain es el dios de la naturaleza. Gobierna los bosques y tiene poderes sobre las hierbas, que le confieren la capacidad de curar. Es el protector de los hogares y se le asocia con la caza. Osain solía parecer un hombre normal, pero después de perder un ojo, una oreja, una pierna y un brazo, parecía un cíclope con el otro ojo en el centro de la frente. También se ayuda de una rama de árbol para caminar. Se le asocia con varios santos cristianos como San José, San Juan, San Benito y San Ambrosio.

Obaluaye

Obaluaye es el dios de los milagros y la curación. Aunque es un sanador, también tiene el poder de maldecir a la gente. De ahí que la gente le tema y le respete. Los practicantes le invocan para curar a los enfermos, especialmente a los graves.

Oba

Oba es la *orisha* de los ríos y simboliza el agua. Representa la energía, la flexibilidad, la manifestación, la restauración, el movimiento y la protección. Es hija de Yemaya y una de las tres esposas de Shango. Oba es responsable del flujo del tiempo, por lo que la gente acude a ella cuando se siente estancada e incapaz de alcanzar sus objetivos. Oba y sus hermanas, Oya y Oshun, proporcionan aguas seguras a las personas que las necesitan para sobrevivir. En algunos lugares de África, es la protectora de las prostitutas y, en Brasil, es la *orisha* del amor.

Los *loas* y los *orishas* se parecen más de lo que se diferencian. Tienen cualidades humanas y no son seres perfectos que no hacen nada malo. Ambas entidades son cercanas porque se guían por sus emociones y tienen debilidades que pueden ocasionarles problemas. La gente se siente cercana a ellos porque, como nosotros, también sufren, luchan, caen y vuelven a levantarse.

Ambas entidades fueron creadas para ayudar y servir a los humanos, por lo que merecen ser muy veneradas. Siempre hay que reconocer su existencia y mostrarles gratitud para garantizar la continuidad de sus bendiciones. Los *orishas* y los *loas* necesitan a los humanos igual que los humanos necesitan de ellos. La gente necesita ayuda de los *lwa* y *orishas* a diario; estas entidades dependen del reconocimiento humano y de las ofrendas para sobrevivir.

Capítulo 5: La santería y los santos

Debido a las similitudes entre el culto a los *orishas* y la representación de sus santos, la santería es a menudo comparada con su religión madre, la yoruba. Sin embargo, a diferencia de las tradiciones yoruba con respecto a las deidades, el sincretismo religioso de la santería hace que los espíritus sean representados por santos católicos. Tras la colonización, los esclavos traídos al Nuevo Mundo fueron obligados a convertirse al cristianismo. Sin embargo, como había muchas similitudes entre las deidades de las religiones africanas y los santos cristianos, los esclavos podían mantener sus creencias simplemente cambiando el nombre de sus dioses. Podían seguir adorándolos y así crearon otra religión llamada santería. Este capítulo está dedicado a la santería, sus santos y cómo se celebran a través de sus diferentes correspondencias.

El culto de la santería puede hacerse a través de un altar o con representaciones simbólicas de estatuas o muñecos

Ji-Elle, CC BY-SA 4.0 https://creativecommons.org/licenses/by-sa/4.0, vía Wikimedia Commons https://commons.wikimedia.org/wiki/File:Trinidad-Santer%C3%ADa_(1).jpg

¿Qué es la santería?

La santería es una religión nacida de la combinación de una religión africana llamada «Regla ocha de los yorubas" y el catolicismo. Debido a esto, acepta y mezcla rigurosas tradiciones cristianas y prácticas yorubas de libre circulación. Santería significa «el camino de los santos» o «la forma de adorar a los santos». Los santos en cuestión también se identifican como *orishas* o *lwas* en distintas religiones africanas. Sin embargo, los *orishas* y los espíritus (*lwas* y los santos de la santería) son vistos de forma diferente, que se evidencia en cómo se les rinde culto. Mientras que los *orishas* son representados como deidades que solo responden ante el Ser Supremo, los espíritus no tienen cualidades divinas.

La santería engloba dos conceptos principales, *ache* (poder divino) y *ebbo* (sacrificio). Al conectar con *ache*, los practicantes pueden alcanzar cualquier objetivo espiritual. La mayoría de los rituales de la santería ayudan a alcanzar *ache*, que, a su vez, ayuda a encontrar respuestas a preguntas u orientación en lo que se necesite. Por otro lado, el *ebbo* es un sacrificio que se hace a los orishas (santos) cuando se les pide un favor específico. Estos favores suelen estar relacionados con la brujería y las dolencias. Las ofrendas incluyen flores, velas, frutas y otros alimentos y bebidas.

La santería es un sistema único, ya que representa una religión descentralizada, lo que significa que los practicantes no tienen lugares específicos de culto. No hay formas predeterminadas de honrar a las deidades, doctrinas que seguir o reglas para llevar a cabo los rituales. Cuando un practicante tiene una necesidad, invoca a un santo (*orisha*) y le pide guía, ayuda o lo que necesite. También se ofrece gratitud o se hacen sacrificios y ofrendas antes y después de recibir las bendiciones. La forma de hacerlo varía de un practicante a otro, lo que indica que es una práctica muy intuitiva.

Además de venerar a los santos, los seguidores de la santería también practican la veneración ancestral y creen que existe la posibilidad de comunicarse con los espíritus ancestrales y las distintas fuerzas de la naturaleza. Si se quiere evocar a un santo, a un ancestro o a otros espíritus, la mejor manera es mediante un altar preparado para la ocasión. Para invocarlos es necesario un símbolo del santo. Puede ser una imagen o una estatua. El altar se cubre con una tela del color asociado al santo. Los demás elementos (velas, elementos de la naturaleza, símbolos de ofrendas) están vinculados al *orisha*. Si se dirige a otro espíritu, como los antepasados, el altar se viste con sus colores, ofrendas y símbolos favoritos.

Los santos de la santería

Aunque el número de santos (deidades) con los que se puede trabajar en las prácticas de la santería es enorme, algunos pueden ser especialmente útiles para los principiantes. A continuación, encontrará algunos con los que puede conectar. Debe acercarse a ellos con respeto y darles las gracias cuando reciba su ayuda. Si no está seguro de con qué santo debe contactar, medite con sus símbolos para ver cuál resuena con usted. Leer sobre sus poderes lo guiará para determinar quién puede ayudarle con sus necesidades o peticiones. Una vez que haya encontrado la entidad con cuyo poder necesita conectar, prepárese para acercarse a ella. Trabajar con santos de la santería requiere práctica. Necesita acercarse a ellos para comprenderlos. Comprenderlos le ayudará a preparar las ofrendas adecuadas, complacerlos y aprovechar su poder para descubrir la sabiduría superior.

María - Yemaya

Conocida como Yemalla y Estrella del Mar, Yemaya representa el aspecto santero de la trinidad divina. Es la diosa de las aguas saladas, de donde procede la vida, por lo que se la considera la madre del mundo. Yemaya también gobierna la luna y guía a los marineros y pescadores que viajan por los mares y océanos. La diosa se asocia con la brujería, la fertilidad, los niños y las mujeres. Representa a la Virgen María y a menudo se la llama Nuestra Señora de Regla en las oraciones.

Además de las oraciones, se puede invocar a María a través de la meditación, la visualización y otras técnicas cuando se necesita ayuda con problemas de fertilidad, embarazo y enfermedades infantiles. Ella puede acompañarlo en un viaje a través del mar o del océano y concederle un viaje seguro. Invoque a Yemaya el sábado anterior a su viaje para asegurar los mejores resultados. Sus colores son el blanco y el azul, así que úselos para decorar su altar y llévelos en sus viajes. Con cuentas de cristal blancas y azules, puede hacer un amuleto que aproveche los poderes protectores de Yemaya.

Puede realizar varios rituales para invocar a Yemaya: úselos para meditar, afirmar o para pedir ayuda, guía o curación. He aquí un ritual sencillo:

- Haga una ofrenda de fruta (plátanos, piñas y otras frutas tropicales funcionan mejor, pero también puede usar lo que esté de temporada).
- Coloque la ofrenda en un cuenco (o en una concha marina grande, si puede encontrar una) sobre su altar.
- Ponga un cuenco de agua salada junto a la ofrenda.

- Coloque siete monedas alrededor de los cuencos formando un círculo. Representan los días que hay entre las dos fases de la luna.
- Mire el agua y diga lo siguiente:

    «*María, tú eres la gracia,*
    Eres la iluminación,
    Tú eres bendita entre las mujeres,
    Y también el fruto de tu vientre.
    Bendíceme, madre de todos
    Ayúdame en este viaje».

- Los practicantes suelen combinar una versión similar de la oración a María (Ave María) con un rosario. Si se siente cómodo, puede repetir esta oración varias veces utilizando las cuentas del rosario.
- Cuando haya terminado con esta oración, con sus palabras, dígale a la diosa qué ayuda necesita.
- Termine con una expresión de gratitud por concederle su poder.

Las Mercedes - Obatala

Como segundo aspecto de la trinidad divina, Obatala representa la contraparte masculina de María. Conocida como Nuestra Señora de la Misericordia, Obatala fue quien trajo la vida a la tierra. Fue el primer santo (deidad) creado por Olodumare, lo que implica que es el más sabio de todos. Puede ahuyentar las energías negativas y proteger a los padres, igual que Yemaya protege a las madres y a sus hijos.

El color de Obatala es el blanco, por lo que todas sus ofrendas y representaciones se presentan en este color. Las ofrendas tradicionales a esta deidad incluyen arroz, leche, coco, ñame, cascarilla, gallinas, palomas blancas y algodón. Las ofrendas realizadas y las oraciones solicitando ayuda deben recitarse en domingo.

Invocar a Obatala es útil cuando necesita comunicar sus sentimientos negativos hacia los demás o eliminar la negatividad de su vida. El uso de una vela blanca de siete días le garantizará la pureza de mente y cuerpo y la consecución de sus objetivos.

Necesita lo siguiente:
- Ñame.
- Arroz.
- Leche.
- Virutas de coco.
- Cascarilla (fresca o seca).
- Un trozo de hilo de algodón blanco.
- Una vela blanca de siete días.
- Una representación del santo.

Instrucciones:
1. Organice su altar o espacio sagrado despejando todo lo que no sea necesario para este ritual.
2. Coloque la vela blanca y un símbolo que represente a Obatala en su altar.
3. Prepare el arroz, la leche, el coco y el ñame en cuencos separados y colóquelos sobre el altar.
4. Si utiliza cascarilla fresca o seca entera, ate la planta en un manojo con hilo de algodón blanco.
5. Si utiliza hojas secas picadas, espárzalas alrededor de la vela y ate el hilo alrededor de la parte inferior de la vela.
6. Cuando esté lista, encienda la vela, cierre los ojos y prepárese para invocar a Nuestra Señora de la Merced.

   A continuación, recite el siguiente conjuro:

   «*Oh gran Señora de la Misericordia, por favor préstame tu poder,*

   Envíame paciencia y conocimiento.

   Que sea fuerte y sabio,

   Para que pueda perseguir mis pasiones.

   Ayúdame a ser justo y bondadoso

   Para tratar a los demás con gran integridad».
7. La vela debe arder durante siete días. La mejor práctica es dejarla encendida solo durante el tiempo que pueda supervisarla y concentrarse en recoger la energía del santo.

8. Apague la vela cuando haya terminado de rezar y siga con su jornada. Vuelva a encenderla cuando pueda supervisarla hasta que se consuma.

Santa Bárbara - Chango

El tercer aspecto de la trinidad divina es Chango, patrono de la transformación, el fuego y la alegría. Gobierna el trueno y la iluminación, a través de los cuales ostenta un inmenso poder. Santa Bárbara fue una joven inocente que se convirtió en protectora de las almas que sufrieron muertes injustas tras ser asesinada por su padre cuando se convirtió al cristianismo. Chango es un espíritu que da poder a las personas que buscan venganza o quieren recuperar algo que les ha sido robado. Según la tradición, su padre fue alcanzado por un rayo cuando murió Santa Bárbara. De ahí la conexión entre esta pareja aparentemente improbable.

Los colores de Chango son el blanco y el rojo. El viernes es el mejor día para rezarle o pedirle ayuda. En este día, puede reclamar su poder utilizando el poder de Chango. Aquí tiene una práctica que le ayudará en esta tarea.

Necesitará lo siguiente:

- Cuentas de oración rojas y blancas (98 en total).
- Papel y bolígrafo.
- Vela roja.

Instrucciones:

1. Haga un collar con las cuentas, empezando por una piedra blanca. Luego añada seis rojas, seguidas de seis blancas, y termine la secuencia con una roja.
2. Repita el patrón seis veces.
3. Escriba afirmaciones para cada cuenta del collar. Asegúrese de que sean afirmaciones positivas y escríbalas en presente, como si ya tuviera lo que desea.
4. Adorne su altar con detalles blancos y rojos, símbolos de Santa Bárbara, espadas, rayos, una copa y una vela roja.
5. Un viernes por la noche, encienda la vela y diga tantas afirmaciones como pueda mientras permanece concentrado y piensa en las cuentas.

6. Repita los pasos durante 24 viernes consecutivos, dejando ofrendas de manzanas, plátanos, anís, okra roja y vino tinto a Chango.

San Antonio - Eleggua

Mientras que Eleggua es el mensajero de las divinidades del panteón yoruba, San Antonio reconcilia a las personas que han perdido el contacto o han tenido un desencuentro. Eleggua abre la puerta a la sabiduría divina y hace que la gente escuche lo que de otro modo se perdería. Antes de invocar a otro santo, debe invocar a San Antonio (Eleggua) para asegurarse de que su mensaje será enviado. Por ejemplo, puede decir:

> «Eleggua, te pido que me abras las puertas,
>
> Que elimines la barrera entre este mundo y el reino espiritual
>
> Para que pueda pasar mi mensaje».

Como Eleggua también está relacionado con la protección, puede aprovechar su poder para alejar las energías negativas. Sus colores son el rojo y el negro, así que utilice cuentas, flores o adornos de este color para hacer un amuleto o talismán. Colóquelo en la puerta de su casa para protegerla o llévelo con usted para protegerse.

También puede ofrecer ron, puros, coco, pescado ahumado, otros alimentos y bebidas de color rojo y blanco, caramelos y juguetes, preferiblemente evoque a Eleggua los lunes. Le será útil si necesita un favor específico.

Necesita lo siguiente:

- Una vela marrón.
- Una representación del santo o deidad.
- Un surtido de conservas.

Instrucciones:

1. Comience encendiendo la vela y diciendo lo siguiente:

   «San Antonio, tú que siempre estás dispuesto a ayudar a los que tienen problemas,

   te pido que me concedas lo que necesito hacer.

   Mi petición puede ser grande, pero tengo fe en ti.

   Por favor, concédeme este favor y te estaré eternamente agradecido».

2. Visualice que su mensaje es llevado hacia arriba a través del humo de las velas y viaja hacia el reino espiritual.

3. Deje que la vela se consuma, agarre los alimentos enlatados y ofrézcalos a alguien que los necesite, ya sea un banco de alimentos o una persona concreta.

San José - Osain

El esposo de María, San José, tiene una clara conexión con Osain, el dios de la naturaleza de los yoruba. A pesar de que a menudo se le representa como una persona frágil que depende de una muleta, San José puede ser un poderoso aliado. Responde a todas las plegarias que se le dedican, sobre todo si proceden del corazón. Es el patrón de los hogares, los carpinteros, los trabajadores manuales, los padres, los que mueren felices y los padres que acogen a niños que necesitan un hogar cariñoso.

Osain se asocia con la naturaleza y el bosque y da poder a las hierbas curativas. Según la santería, si se le reza mientras se busca comida, ayudará a encontrar las plantas necesarias para ahuyentar a los malos espíritus y sus efectos. Sin embargo, San José supervisa todo lo vulnerable, por lo que hay que pedirle permiso antes de sacar cualquier planta o hierba de su hábitat natural.

Un ritual realizado en nombre de San José ayuda a conceder su *ashe* para protección o curación. Le gusta el color amarillo, y ofrecer comida y otros objetos de este color los jueves hace que el ritual sea aún más poderoso.

Para este ritual, necesita lo siguiente:

- Una vela amarilla.
- Incienso de pino (para representar la naturaleza).
- Un símbolo (imagen o estatua) de San José.
- Partes de plantas que encuentre en un bosque, como piñas, agujas de cedro, espinas de zarzamora, etc.
- Una bolsita.

Instrucciones:

1. Coloque la vela y el incienso en su altar frente al símbolo y enciéndalos.

2. Tome el símbolo en sus manos y muévalo sobre el humo del incienso mientras dice:

> «*Por el poder del fuego de esta vela y el humo del pino*
> *Que mi hogar esté protegido de los malos espíritus.*
> *San José, por favor, escucha mi plegaria.*
> *Como todas las cosas verdes crecen*
> *Y sanan con tu ayuda*
> *Que tu ashe me proteja*
> *Por favor, protege mi hogar y a los que están dentro».*

3. Introduzca las partes de la planta en la bolsa y termine el ritual con esta oración:

   > «*Nuestro protector, San José*
   > *Concédeme el alivio del daño espiritual*
   > *Te imploro que protejas este hogar del mal».*

4. Coloque la bolsa con las partes de la planta delante de su casa colgándola o quemándola parcialmente en el suelo para fijarla en su sitio.

Nuestra Señora de la Caridad - Oshun

También conocida como Nuestra Señora de la Caridad del Cobre, Oshun es una de las santas y deidades más influyentes. Es la diosa del amor, la fertilidad, el renacimiento, la renovación, el placer, el matrimonio, la sexualidad, el arte y las finanzas. Oshun puede concederle fertilidad en todos los ámbitos de la vida y es conocida por ser muy caritativa, lo que explica que esté vinculada a Nuestra Señora de la Caridad.

Se suele evocar a Oshun los viernes. Sin embargo, es más poderosa el 8 de septiembre, día en que se celebra con una gran fiesta. A pesar de su compasión, se enfada con facilidad. Para no hacerla perder los estribos, hay que apaciguarla con regularidad. Le encanta el oro y las decoraciones suntuosas, si quiere dirigirse a ella, así es como debe adornar su altar. Le encantan las joyas de oro, las velas doradas, amarillas o blancas, la miel, el vino blanco, los pasteles de ron, las calabazas y otras frutas y verduras amarillas y blancas.

Realice este ritual para Nuestra Señora de la Caridad para atraer el amor y la prosperidad.

Necesita lo siguiente:
- Una joya.
- Un bonito plato de metal.
- Una vela amarilla o dorada.
- Miel.
- Una representación del santo.
- Un trozo de tela amarilla.
- Papel y bolígrafo.

Instrucciones:
1. Coloque las joyas en el plato de su altar frente a la representación del santo.
2. Vierta la miel sobre las joyas y encienda la vela.
3. Concéntrese en su intención y medite sobre ella. Piense por qué quiere atraer esa cosa específica.
4. Apague la vela y váyase a dormir.
5. Cuando se despierte a la mañana siguiente, envuelva la joya en un paño amarillo y rece a Oshun.
6. A continuación, escriba cinco líneas reafirmando su intención (las razones que decidió la noche anterior).
7. Doble el papel cinco veces y colóquelo debajo de la vela utilizada la noche anterior.
8. Encienda de nuevo la vela y ofrezca otra oración a Oshun.
9. Cuando haya terminado, apague la vela.
10. Repita el último paso durante cinco días, queme el papel y entierre sus cenizas en el jardín o en una maceta.
11. Dé las gracias al santo cuando se cumplan sus deseos.

San Pedro - Oggun

Al igual que a San Pedro se le pide ayuda cuando alguien necesita trabajo o quiere tener éxito en su lugar de trabajo, Oggun proporciona el *ashe* a las personas trabajadoras. Si está dispuesto a esforzarse, él le ayudará a alcanzar sus metas profesionales. Se le asocia con los colores verde y negro. Si quiere realizar una nueva aventura empresarial o manifestar un trabajo mejor, adorne su altar con estos colores. El mejor día para rezar a San Pedro es el martes. Las mejores ofrendas para él son la comida verde, el ron, los puros, las hojas verdes y los animales «trabajadores», como un gallo que madruga. Oggun está relacionado con el elemento tierra, así que puede utilizar tierra en sus rituales.

Para un ritual sencillo invocando a San Pedro, necesita lo siguiente:

- Un símbolo de San Pedro.
- Un caldero o cuenco de hierro.
- Dos llaves (simbolizan al santo y a la deidad).
- Otras siete piezas de hierro (clavos, pequeñas herramientas, etc.).
- Tela negra y verde para el altar.
- Cuentas negras y verdes.
- Cuerda.
- Ofrendas de su elección.
- Papel y bolígrafo.

Instrucciones:

1. Haga un círculo con el hilo y las cuentas, empezando con una piedra negra. Siga con siete cuentas verdes, añada siete negras y termine la secuencia con una verde.
2. Repita la operación seis veces para tener 112 cuentas en la circunferencia.
3. Escriba su intención en el papel, y meta el papel debajo de la vela verde que puso en su altar.
4. Encienda la vela y rece a San José mientras visualiza su objetivo y repasa las cuentas.
5. Cuando haya terminado, apague la vela y entierre el papel en la tierra.

La religión de la santería incluye muchos santos representados por santos católicos. Estos santos son de la más alta jerarquía y exigen el debido respeto. Por lo tanto, siempre que los invoque para pedir favores o preguntas, debe hacerlo con el máximo respeto y gratitud.

Capítulo 6: Honrar a los antepasados

La veneración de los antepasados es una práctica compartida por varias culturas. Las personas que honran a sus antepasados mediante prácticas espirituales creen que sus seres queridos existen en otro reino. La mayoría de los humanos sólo son capaces de ver lo que hay en el reino físico, y no todos pueden ser testigos de espíritus que han dejado el reino físico.

Honrar a los antepasados es parte integrante de la espiritualidad africana
https://unsplash.com/photos/n_GkKJCGgBI

Por eso, la gente se comunica con sus antepasados por medios espirituales. Por supuesto, hay otras razones por las que honrar a los antepasados es una práctica vital. Este capítulo explica detalladamente la naturaleza del culto a los antepasados, cómo ven a los antepasados las distintas prácticas espirituales y cómo y por qué los honran.

Los antepasados: ¿Quiénes son? ¿Por qué debemos honrarlos?

Definir la palabra «antepasados» puede parecer un poco absurdo, pero es crucial para entender realmente la veneración ancestral.

Cuando se menciona la palabra «antepasados», la mayoría de la gente piensa en los miembros de la familia que les precedieron; abuelos, bisabuelos, etc. En un sentido estrictamente biológico, hasta cierto punto, esto es cierto. Sus antepasados son las personas que vinieron antes que usted y con las que comparte un vínculo de sangre.

Sin embargo, la definición de antepasados tiene menos que ver con la sangre y más con la conexión con las prácticas espirituales. Incluye todas las conexiones hechas a lo largo de la vida de una persona, conexiones espirituales, conexiones hechas con guías o mentores, conexiones con seres queridos, amigos y parientes consanguíneos.

Por supuesto, algunos practicantes creen firmemente que sólo los parientes consanguíneos cuentan como antepasados. En la espiritualidad no hay reglas rígidas. En última instancia, se trata de lo que mejor le queda al practicante.

Según la teología africana, el hombre no es sólo carne. El ser humano tiene tres capas: Ma, Ka y Ba. Ma es el cuerpo, Ka es la fuerza energética que mueve el cuerpo y Ba es el alma. Sin embargo, cuando el cuerpo completa su ciclo terrenal, el alma se separa de él y regresa a su reino divino. El alma de la persona muerta físicamente sigue existiendo y es posible comunicarse con ella.

Honrar a los muertos forma parte de la cultura africana. Está profundamente arraigado. Se refleja en sus prácticas espirituales, independientemente de cómo varíen. Dedicar días u horas específicas a los antepasados es una celebración de sus vidas. Así es como les rendimos respeto y honor.

Los antepasados son vistos como protectores y dadores de sabiduría. Muchos creen que los antepasados pueden ayudar desde el más allá. Su ayuda puede ser cualquier cosa que necesite. ¿Busca respuestas a preguntas para las que no tiene respuestas? Pregunte a sus antepasados. ¿Necesita que le guíen en una situación determinada? Ruegue a sus antepasados que le guíen. ¿Está teniendo problemas con su vida últimamente? Pida a sus antepasados que le ayuden en estos momentos difíciles.

Los antepasados se perciben como figuras divinas y amorosas. Lo quieren y velan por usted desde otro reino. Confíe en que su interés es lo mejor para usted. Le ofrecerán sabiduría y orientación siempre que lo necesite.

Por eso es importante que mantenga la comunicación con sus antepasados. Celebrarlos en determinados días demuestra que los honra y respeta. Demuestre que aprecia lo que hacen por usted y que está agradecido. Honrar a los antepasados en días concretos o comunicarse frecuentemente con ellos construye una relación sólida con ellos. Cuanto más se comunique o rece a sus antepasados, más fuerte los sentirá a su alrededor. Sentirá su presencia a su alrededor y sentirá su protección y su cálido abrazo.

Es importante aclarar que cada cultura africana tiene su propia forma de honrar a los espíritus del más allá. La espiritualidad africana se considera en la mayoría de los casos una práctica cerrada, lo que significa que sólo las personas con raíces africanas pueden participar en estas prácticas. Esto también se aplica a las prácticas dentro de la cultura. Si practica el vudú haitiano, lo mejor será honrar a sus antepasados según sus creencias.

Sin embargo, algunas prácticas como el *Hoodoo* y el Vudú haitiano permiten a los forasteros practicar sus creencias y rituales. Esto sólo ocurre a través de un proceso de iniciación dirigido por ciertos sacerdotes. Si no es miembro de ninguna de estas prácticas, pero se siente unido a sus enseñanzas y rituales, es mejor que investigue y consulte a los sacerdotes antes de unirse. También es fundamental ser educado y respetuoso al dirigirse a los sacerdotes. Al fin y al cabo, estas religiones son muy apreciadas y valoradas, así que sea siempre respetuoso.

Yoruba

Los individuos que viven según la religión yoruba, llamados *isese*, tienen santuarios para sus antepasados. Los antepasados pueden estar emparentados con usted por sangre, tierra o historia. Construir un santuario o un altar es esencial para conectar con sus antepasados. Irá al santuario siempre que necesite rezar para pedir consejo u orientación, ya que es el lugar de reunión designado que ha construido para sus guías espirituales.

Para construir un santuario, primero debe elegir una superficie. Puede utilizar una mesa limpia o cualquier cosa que pueda servir de tablero. Es preferible colocar esta mesa en algún lugar privado de su apartamento o casa. No querrá interrupciones cuando esté interactuando con las energías.

Puede colocar sobre ella cualquier cosa que esté relacionada con sus antepasados cuando estaban vivos. Puede ser una prenda de ropa, su flor favorita, hojas, fotos, etc. Coloque un plato de arcilla o una concha marina que contenga hojas o hierbas.

Limpiar el altar física y espiritualmente es vital. El lugar debe estar libre de polvo o desorden. Se considera una falta de respeto colocar el altar en una zona sucia. La limpieza espiritual del altar requiere humo de salvia o romero. Ponga su corazón y sus intenciones en el lugar correcto mientras limpia energéticamente el altar. Debe creer que el humo está deshaciendo cualquier energía no deseada y está dando la bienvenida a los espíritus a un espacio purificado. La limpieza espiritual debe producirse antes y después de sus oraciones.

También es vital que haga ofrendas a los antepasados. Las ofrendas pueden ser tan simples como un cuenco de frutas, una vela blanca encendida, un vaso de agua, aceites, etc. Cuando hace ofrendas, muestra aprecio y gratitud a los espíritus. Las ofrendas deben ir acompañadas de una oración. La oración invita a los espíritus y les hace saber que estas ofrendas son para ellos.

«*E nle oo rami o. Los saludo, amigos míos.*

Be ekolo ba juba ile a lanu. Si la lombriz rinde homenaje a la tierra, la tierra siempre le da acceso.

Omode ki ijuba ki iba pa a. Un niño que rinde homenaje nunca sufre las consecuencias.

Egun mo ki e o. Ancestros, los saludo.

Egun mo ki e o ike eye. Ancestros, los saludo con respeto.

Ohun usted wu ba njhe lajule Orun. Cualquier cosa buena se come en el reino de los ancestros.

No mo ba won je. Coman mi ofrenda con ellos.

J'epo a t'ayie sola n'igbale. Coman ricamente de la tierra.

Omo a t'ayie sola n-igbale. Los hijos de la tierra agradecen su bendición.

Ori Egun, mo dupe. Agradezco la sabiduría de los ancestros.

Ase. Que así sea».

Cuando se necesita la guía de los espíritus, primero hay que rezarles. La oración se hace sobre el santuario y forma parte del ritual de limpieza. Se reza sobre las hojas para bendecirlas.

«*Iba se Egun. Rindo homenaje al Espíritu de los antepasados*

Emi (su nombre) Omo (enumere su linaje empezando por sus padres y hacia atrás). Soy (su nombre), hijo de (linaje)

Iba se Ori Ewe. Rindo homenaje al Espíritu de las hojas

Ko si 'ku. Despido al Espíritu de la muerte

Ko si arun. Aleja la enfermedad

Ko si wahala. Aleja todos los chismes

Ase. Que así sea».

Queme las hojas sobre el santuario. También puede utilizar el humo para limpiarse. Dirija el humo desde los pies hasta la cabeza. Cuando sienta que el humo ha limpiado el santuario, diga: «*Ase*», que significa suficiente.

Los sacerdotes yoruba aconsejan a la gente que sólo invite a espíritus concretos al santuario. Suelen evitar invitar a los antepasados que tuvieron problemas o mostraron conductas adictivas. Lo mismo ocurre con los antepasados que hayan cometido algún tipo de abuso. Los sacerdotes yoruba dicen que sus energías podrían causar problemas no deseados a la persona que les reza.

Por último, debe sellar el santuario con una fragancia que suela usar, mezclada con su saliva o fluidos corporales que le pertenezcan. Esto permite a los espíritus saber que está en el santuario al que se les invita. Una vez hecho esto, pida a los espíritus que le guíen o haga lecturas para recibir sus respuestas.

Santería

La santería es similar a la religión yoruba. Las personas que practican la santería también construyen un santuario para sus antepasados. Los componentes pueden ser diferentes, pero los rituales son similares. Al igual que *isese*, la santería se originó en Nigeria, pero se practica más en Cuba y Estados Unidos.

La palabra «santería» se traduce como *«el camino de los santos»*. Los santos se refieren a los *orishas*, conocidos como espíritus o deidades africanas. La santería gira en torno a rezar a los santos y honrarlos constantemente. Por eso, construir un santuario para honrarlos es un paso vital.

En la santería, a los antepasados se les llama *Egun*. Un *Egun* puede estar relacionado con personas por sangre o religión, lo que significa que no tiene que limitar sus oraciones a sus antepasados familiares. Puede rezar a cualquier antepasado que haya practicado la santería. El santuario debe incluir dos ingredientes principales: palos y ofrendas.

Los palos que coloca en su altar proceden de un árbol específico que los sacerdotes han bendecido. Pídale a su sacerdote que le dé nueve palos. Ate los nueve palos con un paño rojo y colóquelos en el altar.

A continuación, coloque la ofrenda. La ofrenda puede ser un sacrificio animal, comida o bebida. Todas las ofrendas deben colocarse alrededor de los palos. Si va a invocar a un espíritu, debe utilizar un *Opa egun*, un palo recto y alto cogido de un árbol. Si va a invocar a un espíritu, debe ser varón y golpear lentamente el suelo con el palo para captar la atención del antepasado y que pueda escuchar sus plegarias.

Comer después de haber hecho las ofrendas es importante cuando se ofrece comida y bebida al espíritu. De lo contrario, se considera una falta de respeto. Las ofrendas siempre deben contener comida y bebida. La bebida puede ser agua o cualquier alcohol o licor. También es tradición rociar el santuario con agua o licor a través de los labios o la punta de los dedos.

En la santería deben realizarse ciertas ceremonias para honrar a los antepasados. La ceremonia dura varios días. El primer día, la gente ofrece grandes cantidades de comida cocinada, ofrendas de animales y bebidas. La gente también canta y baila a sus antepasados. El segundo día se canta, se baila y se tocan tambores para honrar a los espíritus. Ese día también se sirve comida.

Durante las ceremonias, se reza la siguiente oración si un miembro quiere conectar con su antepasado. El espíritu de los antepasados monta (o posee) suavemente a los médiums mientras un buitre sobrevuela la ceremonia como una serpiente. Los antepasados poseen un poder más allá de los reinos de la muerte. Debemos barrer y limpiar el suelo antes de saludar a nuestros antepasados a su llegada.

> «*El espíritu de la muerte dirige nuestro Ori hacia los antepasados que han obtenido el secreto de la vida más allá de la muerte. Hoy, muestro las marcas de mi cuerpo como un himno al sagrado juramento. Ofrezco mi devoción a los ancestros a través del juramento. Y soy bendecido por su energía y su sabiduría. Ashe*».

Fèt gede en el vudú haitiano

Fèt gede, o Festival del día de los muertos, es una importante celebración dedicada a honrar a los antepasados. El vudú haitiano cree que los espíritus no se ven ningún otro día y sólo aparecen durante su ceremonia.

El *gede* o antepasado puede ser un amigo cercano o un familiar. Durante una ceremonia, el vuduista o practicante de vudú invoca su espíritu y lo convierte en un *gede*.

Esta fiesta se celebra cada 1 y 2 de noviembre. Suele celebrarse en el cementerio y, al igual que la santería, implica muchos cantos y bailes. Los *gede* pueden poseer a individuos durante el festival.

Si un individuo está poseído, se le reconoce inmediatamente por su aspecto físico. Suelen cubrirse la cara con polvo blanco, llevar gafas de sol negras y un bastón. También visten ropas moradas, negras y blancas. Beben bebidas alcohólicas infusionadas con pimientos picantes, ya que a los *gede* les encantan los pimientos picantes. Muchos comen o se aplican pimientos picantes en la piel durante el festival.

Las posesiones son otra forma de honrar a los muertos. Es una forma de que los vuduistas muestren a los espíritus que son bienvenidos a su mundo, espacio y cuerpos. Lo ideal es que los *gedes* no tengan malas intenciones hacia su persona, por lo que normalmente no hay daño durante la posesión.

La posesión también muestra el fuerte vínculo entre la persona y el *gede*. Por supuesto, no todo el mundo se siente cómodo con las posesiones, pero se practican, no obstante. Si está interesado en tener este vínculo con su *gede*, pregunte a su sacerdote para saber más.

Al igual que la santería y el *isese*, los vuduistas haitianos ofrecen comida y bebida a sus antepasados. Las ofrendas deben colocarse en una mesa del cementerio para honrar y respetar a quienes han pasado al reino espiritual.

La celebración vudú haitiana de los muertos es similar a la santería, ya que bailan, cantan y tocan el tambor a los muertos. Los sacerdotes también presentan sus respetos y comen los alimentos ofrecidos a los muertos. A diferencia de la santería y el *isese*, las posesiones tienen lugar el día de la fiesta.

La ceremonia no puede celebrarse sin el permiso de *Papa gede*, el primer hombre que murió. Una vez que los sacerdotes tienen permiso para llevar a cabo la ceremonia, comienzan las celebraciones.

Hoodoo

El *hoodoo* es similar al *isese* y honra a los antepasados. Debe establecerse un santuario limpio en un entorno ordenado. Debe limpiarse con agua salada o humo de salvia. El altar debe tener fotos de los antepasados o cualquier objeto relacionado con ellos. Los *hoodoos* se comunican frecuentemente con sus antepasados.

Sus comunicaciones pueden ser a través de oraciones o conversaciones normales. Por supuesto, se deben hacer ofrendas, y esto es algo que *isese*, santería, vudú haitiano y *hoodoo* tienen en común.

La ofrenda puede ser una vela encendida, comida, bebida o un objeto especial. La ceremonia de honra puede no ser tan ruidosa como la de la santería o el vudú haitiano, pero es rica en sentimientos y emociones profundas. Normalmente, los *hoodooistas* piden a los ancestros que les quiten enfermedades o problemas que han estado afectando a sus vidas.

Los *hoodoos* conectan profundamente con sus antepasados debido a su alto nivel de comunicación. Los practicantes hacen lecturas espirituales con sus antepasados. Pueden obtener un sí, un no o tal vez a través de un médium espiritual. Los practicantes utilizan cáscaras de maíz, cartas del tarot y otras herramientas para entender lo que dicen los espíritus.

Dejan un sacrificio animal o una cesta de fruta junto a un árbol en nombre de sus antepasados. El árbol debe estar cerca de la casa de la persona y es otra forma de respetar y mostrar agradecimiento a los espíritus.

Al igual que en la santería, algunos practicantes cantan a sus antepasados. Sin embargo, las canciones las canta una sola persona, normalmente durante su tiempo privado con los antepasados. Los practicantes encienden velas para los espíritus y deben limpiar energéticamente el espacio antes y después de una oración, o se lleva a cabo una ceremonia.

Honrar a los antepasados es una actividad sagrada compartida por muchas creencias espirituales africanas. Por muy diferentes que sean unas de otras, recordar a los espíritus es una práctica divina que se lleva a cabo anual o diariamente.

La espiritualidad africana gira en torno a la conexión entre el individuo, la naturaleza y los espíritus. Esta conexión debe mantenerse incluso cuando los vivos adoptan una forma diferente. Por ello, es esencial que los practicantes sigan honrando a los muertos, para que su conexión se mantenga fuerte y viva. Los espíritus son vistos como deidades que tienen sabiduría y poder. Se cree que influyen en su vida para mejor, por lo que los practicantes piden su guía y ayuda.

Las prácticas espirituales africanas como la santería y el *isese* no ven a los antepasados sólo como parientes. Los antepasados pueden ser cualquier persona vinculada a la religión o a la historia del practicante. Por otro lado, el vudú haitiano considera a los antepasados como parientes o amigos cercanos. El isese es similar al vudú haitiano, ya que también define a los antepasados por su linaje o su relación con el practicante.

Las ofrendas son un elemento común a estas creencias. Cuando la gente honra a sus espíritus mediante ofrendas, lo considera una forma de dar la bienvenida a sus antepasados, honrarlos y mostrarles respeto. Las herramientas utilizadas durante la ceremonia difieren de una creencia a otra. Sin embargo, no importa qué herramientas utilice siempre que su corazón esté en el lugar correcto cuando honre a sus seres queridos.

Tanto si ha nacido en las tradiciones espirituales africanas con raíces ancestrales como si es un forastero con un profundo sentido de pertenencia, debe respetar las creencias de la fe y atenerse a sus normas. Las consecuencias de la falta de respeto y la arrogancia repercutirán negativamente en su vida. Estas tradiciones han sobrevivido durante siglos gracias a la devota fe de sus seguidores.

Capítulo 7: Hierbas y plantas sagradas

La herboristería es un conocimiento sagrado, y los espiritistas africanos no son ajenos a ella. Ya sea la raíz, el tallo, los pétalos o las hojas, casi todas las partes de la planta se utilizan en todos los hechizos. En este capítulo se explican las distintas hierbas más utilizadas por los practicantes africanos. Si ha estado tratando de encontrar hierbas para hechizos de amor o protección, las encontrará en este capítulo. También se explican otras hierbas para ayudar con el poder, la prosperidad, la purificación, los espíritus y la lujuria.

Algunas hierbas y plantas se consideran sagradas
https://unsplash.com/photos/7LsyosoO0GQ

Es común ingerir ciertas hierbas durante las ceremonias y el trabajo con hechizos. Sin embargo, hay que tener cuidado con lo que se ingiere. Para empezar, probablemente sea mejor evitar ingerir cualquier hierba o planta si es un hechicero principiante. Si no sabes si es alérgico a ciertas hierbas o plantas, debería evitar todas. Siempre Puede quemar la hierba en lugar de consumirla y ver cómo se manifiesta su poder.

Raíz de Adán y Eva

La raíz de Adán y Eva se utiliza principalmente para hechizos de amor. Sus propiedades espirituales se asocian con asuntos de amor, conexión y lujuria. Los practicantes ungen la raíz con aceites esenciales de atracción, como salvia sclarea, lavanda, jazmín o rosa.

Esta raíz se utiliza en parejas del mismo sexo y en parejas de sexo opuesto. La raíz de Adán y Eva puede llevarse como amuleto o ungirse a diario para fortalecer el amor y avivar la relación.

Agrimonia

La agrimonia es una hierba muy versátil. Se utiliza principalmente con fines de protección, pero también para eliminar bloqueos energéticos. Esta hierba se utiliza normalmente en hechizos de protección y es el ingrediente principal que los practicantes utilizan para romper la mala suerte.

Los practicantes de magia *hoodoo* utilizan la agrimonia para eliminar bloqueos energéticos. También la utilizan para limpiar sus herramientas antes de trabajar en sus hechizos. Quemar agrimonia es habitual para protegerse del mal de ojo. A menudo, los espiritistas utilizan esta hierba como aderezo de las velas cuando trabajan en un hechizo que rompe los chismes o impide que la gente hable mal de ellos. Es común que la gente queme agrimonia para fortalecer su campo energético.

Albahaca

La albahaca se utiliza comúnmente en toda la brujería africana. Se asocia con la prosperidad, la suerte y la felicidad. Los practicantes la utilizan para atraer la prosperidad a sus vidas y conseguir más dinero. Untan una vela verde con hojas secas de albahaca y lanzan un hechizo para que el dinero fluya suavemente hacia ellos. Algunas personas llevan albahaca consigo cuando juegan porque la consideran un amuleto de la suerte.

Otros utilizan la albahaca como hierba curativa. Además de curar y prevenir enfermedades, también da energía al hechicero, ya que ayuda a combatir la fatiga y la confusión cerebral. Las mujeres aderezan una vela roja con aceite de albahaca para aliviar los dolores menstruales.

Hojas de laurel

Espiritistas de distintas procedencias utilizan esta hierba por su gran versatilidad. Algunos la utilizan para atraer el dinero, y otros para conjurar contra el mal de ojo, desterrar hechizos dañinos y liberarse de problemas laborales y familiares. El resultado de esta hierba depende del hechizo y de cómo se utilice.

En la espiritualidad africana es habitual lavarse con agua de laurel. Se cree que lavarse las manos y los pies con esta agua aumenta las posibilidades de recibir dinero. Otros practicantes guardan el agua de laurel para limpiar sus puertas y espejos. ¿Por qué? Porque aporta energía positiva y elimina la negatividad de la casa.

Belladona

La belladona es una hierba que debe utilizarse con precaución. **No debe ingerirse ni inhalarse de ninguna manera.** Esta hierba se asocia con la alucinación, la seducción y la magia. Suele utilizarse en hechizos de amor y en muñecos de vudú.

Se desaconseja su uso a los practicantes principiantes debido a su poder, y es difícil trabajar con ella cuando no se tiene suficiente experiencia con la brujería.

Algunos vuduistas introducen belladona en muñecos de vudú cuando preparan un hechizo de amor. Normalmente, este hechizo consiste en aumentar el atractivo de una persona para seducir. Otros simplemente graban el nombre de la persona en una vela roja y la ungen con belladona para atraerla.

Cedro

El humo del cedro es famoso por agudizar las capacidades psíquicas y escuchar a los espíritus. También es conocido por su capacidad rejuvenecedora. Los espiritistas utilizan el cedro para sentirse llenos de energía y sanar cuerpos doloridos o cansados. El cedro se utiliza para ahuyentar enfermedades, por lo que es común estar cerca del humo del cedro cuando un espiritista siente que está a punto de enfermar.

Los vuduistas utilizan el humo de cedro para santificar sus muñecos de vudú. Este ritual de santificación es la última parte de la creación de un muñeco vudú. El cedro bendice el muñeco y lo protege de cualquier energía no deseada.

El humo de cedro se utiliza para agudizar las capacidades psíquicas y alejar las enfermedades
https://unsplash.com/photos/zI84PsYBODg

Manzanilla

La manzanilla es otra hierba muy versátil. Algunos practicantes la utilizan para asegurarse de que sus manifestaciones se hagan realidad, mientras que otros la utilizan para tener mejores sueños.

Los practicantes africanos ponen manzanilla en sus bolsas de mojo para aumentar sus posibilidades de ganar en los juegos de azar. Otros llenan sus bolsitas de manzanilla y las colocan bajo la almohada para tener mejores sueños y reducir las posibilidades de sufrir pesadillas y parálisis del sueño.

Algunos espiritistas se bañan con agua de manzanilla para aumentar el atractivo y el amor propio. Otros esparcen pétalos secos de manzanilla por la casa para alejar las energías y entidades negativas de su espacio.

Canela

La canela es una planta poderosa asociada con la prosperidad financiera y la protección. Si quiere atraer el dinero a su vida, siga este hechizo.

El primero de cada mes, ponga un poco de canela en polvo en sus manos y sople sobre la puerta de su casa. Puede hacer lo mismo con su tienda, empresa, etc. Cuando sople el polvo de canela, visualícese recibiendo dinero y sienta las emociones que experimentaría con la prosperidad. Después de soplar el polvo, frótelo en sus manos. Lavarlo puede disminuir la intensidad del hechizo.

Cuando trabaje en un hechizo de protección, unja un trozo de papel con su nombre con canela, o vista una vela blanca con canela e imagínese a usted mismo siendo protegido de la negatividad y de la gente que le desea el mal.

Raíz de Juan el conquistador

Esta raíz es muy apreciada entre los *hoodoos*. Según el folclore, Juan el conquistador se enamoró de Lilith, la hija del diablo. El diablo desafió a Juan y le prometió la mano de Lilith si superaba con éxito los desafíos. Juan aceptó los retos con valentía, pero sabía que el diablo lo mataría. Sabiendo esto, Juan y Lilith robaron el caballo del diablo y escaparon a África. Acordaron no volver a usar sus poderes para que el padre de Lilith no pudiera encontrarlos y asesinarlos. Juan puso sus poderes en la raíz y escapó con Lilith.

Hoy en día, los *hoodoos* utilizan esta raíz para ser bendecidos por el poder de Juan. Los practicantes visten velas blancas con esta raíz buscando protección y paz. Otros ungen velas rojas y rosas con esta raíz para atraer el amor. La gente usa esta raíz con velas verdes para recibir dinero y aumentar su suerte.

Hisopo

El hisopo es una hierba popular en la brujería africana. Se utiliza principalmente en rituales de purificación y limpieza. Es habitual que los practicantes se bañen en su agua antes y después de trabajar en un hechizo poderoso.

Los vuduistas haitianos rocían sus altares con su agua, mientras que los *hoodoos* limpian sus bolsas de mojo y gris-gris con el humo de la hierba. A otros les gusta limpiar sus utensilios de brujería con agua o humo de hisopo antes de lanzar un hechizo. Las herramientas deben estar purificadas de hechizos anteriores. De lo contrario, las consecuencias podrían ser nefastas. Los espiritistas también ponen las flores y hojas púrpuras del hisopo en sus bolsas de mojo para protegerse de deidades y entidades malignas.

Hierba carmín

La hierba carmín se utilizaba entre los vuduistas durante la esclavitud. Creían que esta hierba facilitaba el proceso de posesión. Durante las ceremonias, el individuo consumía esta hierba y era poseído por un espíritu o un antepasado.

Hoy en día, esta hierba no debe consumirse sin supervisión. Múltiples testigos han afirmado que la hierba provoca en las personas una falta total de conciencia de sí mismas. Los investigadores Busia y Heckles señalaron que la hierba provoca un «frenesí corporal» durante las ceremonias de posesión.

Los vuduistas utilizan esta hierba para alcanzar niveles de conciencia refinados. No todo el mundo se siente seguro tomando esta raíz, así que es mejor no consumirla si no tiene experiencia con ella o no está rodeado de profesionales que puedan garantizar su seguridad.

Lavanda

Esta flor tiene varias propiedades espirituales, como atraer el amor y la belleza, aumentar el dinero y potenciar la intuición. Las tonalidades púrpuras de la flor se asocian con la intuición y las habilidades psíquicas. Se sabe que mezclar lavanda con pétalos de rosa atrae el amor a la vida de una persona y aumenta su atractivo físico. Llevar lavanda encima enriquece económicamente a la persona.

Si quiere participar en alguno de estos hechizos, preste mucha atención a estas instrucciones:

- Para aumentar su atractivo y encontrar el amor, prepare un baño, rocíelo con lavanda y pétalos de rosa, y sumerja su cuerpo en el agua. Si no tiene bañera, ponga lavanda y pétalos de rosa en una bolsita y cuélguela sobre la ducha. Deje correr el agua y dúchese.

- Si quiere más dinero, ponga lavanda en una bolsita verde con unas monedas. Lleve esta bolsita con usted, sobre todo si va de camino al trabajo o a jugar.

- Para reforzar su intuición, queme un poco de lavanda y rodéese de su humo. Ejercite su intuición rezando a los antepasados o practicando sus habilidades psíquicas durante este tiempo. La lavanda agudizará su intuición para lograr mejores resultados.

Raíz de la mano de la suerte

Por su nombre, puede deducir que las propiedades espirituales de esta raíz están relacionadas con la suerte. La raíz de la mano de la suerte es una hierba excelente para llevar encima cuando compita, juegue o participe en la lotería.

Puede llevar esta hierba, manteniéndola cerca de su pecho, o ponerla en su bolsa de mojo. Muchos *hoodoos* sustituyen su bolsa de mojo por una raíz de la mano de la suerte porque es muy poderosa. Las personas que llevan esta raíz, en lugar de una bolsa de mojo, suelen ungir la mano de la suerte con elementos esenciales, como canela y sándalo, para aumentar su suerte y asegurar sus ganancias.

Raíz de mandrágora

La raíz de mandrágora se acerca a la función de los muñecos vudú. En otras palabras, puede curar o dañar a alguien. Por ejemplo, supongamos que ha creado un muñeco vudú para curar a un cliente. En lugar de crear un muñeco vudú desde cero, puede tallar el nombre del cliente en la raíz y proceder con su ceremonia de curación.

Esta raíz es increíblemente poderosa, especialmente si manifiesta algo en su vida. Por ejemplo, talle su nombre en la raíz y aplique hierbas y aceites asociados con el éxito y la prosperidad si quiere manifestar éxito y riqueza.

Si utiliza esta raíz, debe tener cuidado con su ubicación e ingerirla. Esta raíz puede influir mucho en la vida de alguien, por lo que debe asegurarse de ser la única persona con acceso a ella. Además, evite ingerir la raíz, ya que no está destinada al consumo humano.

Raíz de maguey

Los santeros, sacerdotes de la santería, creen que la raíz de maguey tiene increíbles poderes curativos. Es muy común beber té de raíz de maguey si practica la santería, ya que se cree que cura enfermedades y aleja la negatividad. Los *hoodoos* utilizan esta raíz como un amuleto que aumenta el poder de la bolsa de mojo. Esta raíz se utiliza con velas rojas para aumentar la lujuria en una relación o hacer que alguien se enamore de usted. La raíz de maguey se utiliza para limpiarse de espíritus y energías negativas.

Raíz de serpiente de cascabel

Quemar raíz de serpiente de cascabel con la intención de atraer el amor atrae a las personas adecuadas a su vida y le protege de individuos que no son para usted.

Los espiritistas dicen que esta raíz puede hacer que la gente se vaya de su vida, pero, en realidad, la raíz le protege de las personas que no son adecuadas para usted. Si tiene un interés amoroso y quiere saber si encaja bien con usted, utilice esta raíz. Sin embargo, si no quiere experimentar la dura realidad a la que la raíz puede exponerle, quizá no sea el momento de usarla.

Rue

Si cree que alguien le ha hechizado o embrujado, puede que necesite bañarse con agua de ruda. Los practicantes espolvorean ruda en sus bañeras para romper maleficios y mala suerte.

Otros practicantes prefieren beber té de ruda en lugar de bañarse en él, pero de nuevo, es mejor no beber ninguna hierba si no sabe qué efecto tendrá en su cuerpo.

Los espiritistas creen que espolvorear hojas de ruda fuera de sus casas puede traerles prosperidad y suerte. Si quiere más riqueza en su vida, es más probable que atraiga la prosperidad si sopla canela en su puerta y espolvorea hojas de ruda fuera de ella.

Salvia

La salvia es otra hierba que utilizan todos los practicantes africanos. Es conocida sobre todo por sus propiedades purificadoras. Por ejemplo, los yoruba y los *hoodoos* utilizan el humo de la salvia para limpiar sus altares.

La salvia se utiliza para limpiar
https://unsplash.com/photos/k44X7D5bpms

Los vuduistas haitianos utilizan la salvia para limpiarse y limpiar su casa. Por ejemplo, digamos que tuvo un invitado en su casa, y después de que se fue, sintió que la energía de la casa dio un giro para peor. En este caso, lo mejor que puede hacer es coger un manojo de salvia u hojas de salvia y quemarlas. Abra una ventana para que la energía negativa tenga un lugar a dónde ir, lejos de su casa. La energía de su casa se repondrá y renovará.

Raíz de serpiente de Sampson

La raíz de serpiente Sampson mejora la fertilidad masculina y el rendimiento sexual. También se utiliza para ganar poder y respeto en la comunidad o el lugar de trabajo.

Los practicantes suelen remojar la hierba con whisky y consumir 1 cucharada sopera cada día. Otros prefieren prepararla en té y beberla. Los hombres que desean mejorar su rendimiento sexual se lavan los genitales con su agua para obtener todo el efecto de esta poderosa raíz.

Las personas que desean aumentar su energía masculina utilizan esta raíz. En otras palabras, las mujeres también pueden utilizar esta raíz. Como personas, todos tenemos energías femeninas y masculinas, así que las personas que quieran conectar con sus energías masculinas se beneficiarán del uso de la raíz de serpiente de Sampson.

Baya de Saw Palmetto

La baya de Saw Palmetto es utilizada principalmente por las personas que practican la santería. La gente la mezcla con alcohol y la utiliza como afrodisíaco. Se considera uno de los ingredientes principales de los hechizos de amor y lujuria. Los practicantes también le añaden miel para potenciar su poder amatorio.

Durante las ceremonias de magia sexual, la baya de Saw Palmetto se empapa con licor y se sirve a los participantes. La bebida los prepara para las energías y emociones que van a experimentar.

Otros practicantes utilizan las bayas como amuletos de amor y las ponen en sus bolsas de mojo o alrededor del muñeco vudú para aumentar el amor y la lujuria.

Sasafrás

A veces los practicantes se encuentran en el punto de mira de otros hechiceros. Estos practicantes pueden ser víctimas de maleficios o entidades dañinas. Una forma de protegerse es rellenar una bolsa de mojo con hojas de sasafrás y dejarla cerca de la cama o debajo de la almohada.

Las hojas de sasafrás son conocidas por sus propiedades protectoras. Principalmente, protegen de entidades malignas y maleficios o hechizos dañinos. Sin embargo, las hojas de sasafrás deben sustituirse por otras nuevas cada dos días, dependiendo de la entidad con la que esté tratando. Cambie la bolsa de mojo cada dos días para garantizar su seguridad.

Raíz de sello de Salomón

Esta raíz une a los espíritus, buenos y malos. Algunos practicantes la utilizan para invocar a los espíritus buenos para protegerse de las entidades malignas que les atacan. Otros invocan a los espíritus para salir adelante en la vida o vengarse de las personas que les han hecho daño.

Trabajar con esta raíz puede resultar difícil y complicado. Se aconseja a los practicantes novatos que eviten esta raíz porque necesita mucha energía y experiencia que no tienen. Así que, si no es un hechicero avanzado, trabaje con raíces más fáciles antes de usar la raíz del sello de Salomón.

Quita maldición

La quita maldición es una hierba popular en la santería. Esta planta es mayormente conocida como el «removedor de maldiciones» dentro de la comunidad. Si usted o un ser querido presenta síntomas de estar maldito, lo mejor es quemar quita maldición a su alrededor. Esta hierba también resulta útil para eliminar un maleficio o mal de ojo propio o ajeno. Recuerde, quemar esta hierba quita maldiciones, pero no las previene. Así que, la próxima vez que se limpie de un mal de ojo o una maldición, asegúrese de usar hierbas que también le protejan de ellas. Además, no utilice ambas hierbas juntas. Primero, elimine la maldición, límpiese con salvia y, por último, queme una hierba que le proteja de futuros daños.

Hierba frescura

La hierba frescura es excelente para curar los bloqueos energéticos. Si siente que su casa ha perdido su energía o tiene una energía extraña, entonces necesita quemar esta planta. También puede usarla si su energía está bloqueada. ¿Cómo puede saber si su energía está bloqueada? Su intuición no será tan aguda, puede que se sienta cansado y, lo más importante, su chispa se irá apagando poco a poco. Los bloqueos energéticos son temporales, por lo que no debe preocuparse. Queme esta planta para restaurar su energía y hacer que corra suavemente por su cuerpo.

Hay una gran variedad de hierbas y plantas para usar en velas o bañarse con ellas. Además, otros hechizos requieren ingerir ciertas plantas, pero lo mejor es evitar consumir cualquier planta o raíz. Sin embargo, si está seguro de que no sufrirá una mala reacción, es seguro ingerir estos ingredientes. Pero, si no está seguro o no ha consumido ciertas hierbas antes, es mejor evitar ingerirlas. Puede hacerse pruebas de alergia y preguntar siempre a un profesional de la salud sobre las plantas y raíces por las que sienta curiosidad. Recuerde que no todos los hechizos son para principiantes, así que si es novato, trabaje con ingredientes más fáciles y hechizos que se ajusten a su nivel. Es mejor ganar experiencia antes de trabajar en hechizos desafiantes. Buena suerte y cuídese.

Capítulo 8: Hablemos de altares y santuarios

Los altares y los santuarios se consideran temas muy delicados, ya que la mayoría de las tradiciones espirituales africanas requieren iniciación. Por lo tanto, siempre debe buscar la guía y aprobación de un sacerdote antes de construir su santuario y utilizarlo para trabajar con sus ancestros o los *orishas*.

Los altares y santuarios son sagrados en las prácticas espirituales africanas
Ji-Elle, CC BY-SA 4.0 https://creativecommons.org/licenses/by-sa/4.0, vía Wikimedia Commons https://commons.wikimedia.org/wiki/File:La_Havane-Vente_d%27articles_religieux-Santer%C3%ADa_(4).jpg

Los altares y santuarios caseros son relativamente fáciles de montar. Son estupendos porque pueden adaptarse a una amplia gama de creencias y credos. Un lugar sagrado para prácticas espirituales, rituales y oraciones ayuda a reforzar su conexión con las deidades y los espíritus y repone su fe. Independientemente de su sistema de creencias, un altar puede ayudar a recargar y a mantener la paz y el bienestar interior.

Al leer este capítulo, comprenderá la estructura y disposición general de los altares en yoruba, santería, *hoodoo* y vudú haitiano. Aprenderá sobre sus diferencias y similitudes y descubrirá cómo cada tradición espiritual establece y trabaja con los *orishas* y los altares de los ancestros. Por último, daremos consejos sobre cómo construir su propio altar en casa.

Yoruba

Los altares yoruba tienen varios tamaños y apariencias. La forma exacta de un altar difiere de las preferencias e ideologías de un practicante a otro. Los altares yorubas no suelen ser ornamentados ni gigantescos, y lo mejor de todo es que pueden adaptarse a las limitaciones de espacio, dinero y herramientas de una persona normal. Se parecen mucho a las características del santo.

Los yorubas utilizan los altares para comunicarse con los santos, por lo que suelen estar situados en un nivel más alto que el suelo. Un altar yoruba es un espacio sagrado donde se pueden hacer ofrendas, realizar sacrificios, rezar o participar en otras actividades espirituales. La elección de las prácticas y ofrendas depende principalmente de si dedica su altar a los *orishas* o a los antepasados. No hay por qué preocuparse si quiere rendir culto a los *orishas* y a los antepasados simultáneamente, ya que la religión yoruba no exige que los altares sean inamovibles una vez montados.

En días concretos del año, como el 4 de octubre y el 17 de diciembre, días de Orula y San Lázaro respectivamente, los practicantes construyen grandes altares y lo celebran juntos. La gente también dedica gran parte de sus casas a hacer altares coloridos con numerosos símbolos, representantes y ofrendas.

Los yorubas cristianos suelen incorporar santos católicos a sus santuarios. Los más comunes son la Virgen de Regla, la Virgen de las Mercedes, Santa Bárbara y la Caridad del Cobre, entre otras figuras significativas. Además, decoran los santuarios con frutas, velas y flores.

Los *orishas* yoruba se representan con recipientes de cerámica, güira, porcelana o sopa de barro por orden de jerarquía.

Las figuras de las deidades se colocan sobre piedras en los soperos y suelen adornarse con anillos, túnicas y otros símbolos asociados a los *orishas* y los santos. Suelen incluir alimentos, bebidas, flores, ofrendas de frutas, abanicos, juguetes y herramientas. Lo que se haga para trabajar u honrar a un *orisha* depende de sus preferencias y características únicas.

Cuando se prepara un santuario de antepasados, hay que buscar la ayuda de un sacerdote porque es necesario obtener nueve palos de un árbol específico y prepararlos ritualmente antes de atarlos juntos con un paño rojo. A este haz de palos es al que se le harán las ofrendas. También necesita un «*Opa egun*», una rama de madera gruesa, recta y alta para sus invocaciones. Un practicante masculino la utilizará para dar golpecitos en el suelo mientras usted, u otra persona, invocan a los antepasados. Ofrézcales siempre la primera ración de cualquier comida. También se suele ofrecer agua o licor.

Santería

Al igual que los yoruba, muchos de los principales *orishas* de la santería tienen homólogos católicos. puede construir un santuario en honor al *orisha* que desee venerar y honrar utilizando símbolos y colores que los representen y hacer las ofrendas pertinentes.

Los yorubas y los practicantes de la santería comparten la misma creencia respecto a los antepasados; éstos pasan al mundo invisible para velar por sus seres queridos. Sin embargo, sólo aquellos que cumplen los requisitos para ser honrados mediante el trabajo con los antepasados pueden estar a la altura de su destino. Suelen ser personas que vivieron vidas honorables y contribuyeron a su sociedad. Esas personas también deberían haber experimentado vidas largas y muertes naturales.

Algunas personas dedican un espacio separado o incluso un edificio separado a sus altares. Depende de las tradiciones familiares y de las preferencias personales. Los altares de los antepasados suelen incluir una vela blanca y un paño. También se añaden fotos o pertenencias del antepasado, flores o tres vasos de agua (se puede utilizar cualquier número impar de vasos de agua). A algunas personas les gusta separar en el altar a los antepasados masculinos de los femeninos. Algunas personas también separan a las distintas familias, lo que sería una gran idea para individuos que nunca se llevaron bien.

Si va a montar un altar de *orishas*, guarda todos los *orishas* (excepto las deidades guerreras) en vasijas de cerámica. El color y la decoración de la vasija dependen de las características y símbolos del *orisha* con el que *esté* trabajando. Estas *vasijas* contienen las piedras sagradas de los *orishas*, que es una extensión de la tradición yoruba de colocar piedras en cuencos u ollas.

Si está trabajando con un *orisha* guerrero, evite usar *vasijas*. Guárdelos en ollas de hierro o arcilla destapadas. Use recipientes sellados con agua para los *orishas* de agua. Cada *orisha* acepta ofrendas únicas, a menudo dejadas junto a su vasija u otro recipiente. Algunas ofrendas, conocidas como *ebó*, se consideran sacrificios porque se compran, que es un sacrificio económico, o se hacen, que es un sacrificio de tiempo. Hacer un *ebó* semanal para el *orisha* puede mantenerlo fuerte y complacido.

Hoodoo

Los practicantes de *hoodoo* preparan su altar visitando las tumbas de sus antepasados con un pequeño recipiente. Se presentan y notifican a los antepasados sus intenciones. Guardan un poco de tierra en el recipiente, se la llevan a casa y la utilizan para establecer una conexión con el antepasado.

Los practicantes de *hoodoo* echan la tierra en sus recipientes cavando con monedas cerca de las tumbas de sus antepasados después de verter whisky sobre la tumba. Cuando llegan a casa, vacían la tierra en un recipiente de mejor aspecto.

Según las tradiciones *hoodoo*, el sábado es ideal para trabajar con los muertos. Suelen hacer ofrendas alimenticias de carne y papas y un poco de agua teñida de azul pálido. Montan un altar básico para sus antepasados y los recrean semanalmente con música, comida u otras ofrendas. También puede servir los platos favoritos de sus antepasados. Puede incluir varios recipientes con tierra de tumba de los altares de distintas personas, con sus fotos y algunas de sus pertenencias. Algunos practicantes incluyen un marco de fotos vacío como símbolo de los familiares y antepasados que no conocen.

Vudú haitiano

Los santuarios del vudú haitiano son conocidos por sus colores vibrantes y su magnificencia. Los *orishas* suelen estar representados en sus propios lugares. Los santuarios del vudú haitiano incorporan varios objetos requeridos por las deidades, o *lwa*, según con quién se trabaje. Otros utensilios, como las botellas decoradas, se consideran ofrendas y cumplen una función específica.

Las botellas llenas y vacías suelen estar ornamentadas con imágenes y símbolos específicos. A menudo se cubren con lentejuelas u otros adornos de colores. Aunque se utilizan muñecos, no son tan terroríficos como se cree que son los muñecos vudú. Mucha gente cree que los practicantes clavan alfileres en estos muñecos para lanzar maldiciones dañinas a los demás. Sin embargo, se utilizan para honrar a ciertas deidades. Algunas personas emplean los muñecos como mensajeros entre el reino físico y los espíritus. Los paquetes de tela rellenos de hierbas también son adornos populares en los altares. Los colores de los trozos de tela y su decoración dependen de los colores de los *lwas*. Se cree que estos paquetes aportan protección y estimulan la curación. Curiosamente, los practicantes del vudú haitiano dejan banderas apoyadas en el altar como objetos rituales que atraen a los *lwa* para reponer su energía espiritual.

Construir el altar

Decida la finalidad

Lo primero que debe hacer antes de construir su altar es determinar su propósito. ¿Qué camino espiritual está siguiendo? ¿Quiere construir un altar de *orishas* o antepasados? ¿Tiene una deidad específica a la que desea honrar? ¿Va a utilizar su altar para celebraciones? ¿Su altar es móvil o debe ser fijo?

Debe asegurarse de que su altar ofrezca un espacio cómodo, ya que podría utilizarlo para meditar, rezar, comunicarse con sus antepasados, realizar invocaciones o llevar a cabo otros rituales.

Decida dónde colocarlo

La ubicación y el tamaño de su altar dependen principalmente de sus necesidades, estilo de vida y preferencias. A algunas personas les gusta dedicar una habitación entera a sus prácticas espirituales, mientras que otras creen que su armario o estantería sería suficiente. Sin embargo, cuando monte su altar, debe estar orientado en una dirección significativa o agradable. Por ejemplo, si está construyendo un altar para sus antepasados, oriéntelo en la dirección de la tierra natal de su antepasado.

Lo mejor es construir el altar en un lugar tranquilo y privado. Así no tendrá que preocuparse de que alguien lo tire o interrumpa sus prácticas espirituales. No hay que apresurarse para encontrar el lugar adecuado. Algunas personas se sienten atraídas por un lugar que simplemente «les parece bien». Piense en la energía que desprende ese lugar. ¿Es acogedor y luminoso? puede hacer una limpieza con sahumerios u otras técnicas de limpieza energética antes de preparar el espacio. También ayuda hacer una limpieza energética de vez en cuando.

Averigüe qué herramientas necesita

Aunque hay algunas reglas que debe seguir a la hora de montar su altar, especialmente si trabaja con *orishas* específicos, a menudo tendrá que recurrir a su intuición. Preste atención a sus antojos y señales para captar las ofrendas que los *orishas* desean recibir. Su instinto también puede indicar ciertos objetos que debe incorporar a su santuario de antepasados. A menos que vaya en contra de las instrucciones, no hay límites en cuanto a lo que puede tener en su altar. Sin embargo, pida siempre la opinión de su sacerdote hasta que haya adquirido suficiente confianza en sus conocimientos.

Las velas son herramientas muy populares para añadir a su altar y a menudo son necesarias cuando se trabaja con ciertos *orishas*. Tenga cuidado de no dejar las velas encendidas sin vigilancia y manténgalas alejadas de materiales inflamables. Tenga especial cuidado si tiene niños o mascotas en casa.

Prepare su altar

Una vez que haya limpiado su espacio energéticamente, piense en cómo le gustaría disponer las herramientas y objetos en su altar. Empiece con pocos objetos para evitar sentirse abrumado. Como regla general, mantenga el altar simétrico, con el objeto más alto en el centro. Cubra la mesa o la superficie con un paño si desea protegerla de la cera de las velas, la ceniza u otros objetos potencialmente dañinos.

Sea constante con sus esfuerzos

Debe procurar utilizar su altar habitualmente. Si es demasiada presión, empiece con una práctica estacional y continúe a partir de ahí. Por ejemplo, si practica el yoruba, monte un altar para conmemorar celebraciones notables. Una vez que se sienta preparado, puede construir un altar de *orishas* o antepasados y atenderlo una vez a la semana. Si trabajar con un altar se convierte en un hábito, podrá incorporarlo fácilmente a su rutina diaria. Con el tiempo, su día se sentirá incompleto sin los 10 o 15 minutos diarios que le dedica a su altar.

Lo más importante es que su altar esté siempre limpio y organizado, independientemente de la frecuencia con que lo utilice. Cada vez que se acerque a su altar, debe desprender emociones positivas; nunca debe parecerle una tarea pesada. Si se martiriza por no haber rezado hoy, acabará temiendo tener que hacerlo. En lugar de ser un espacio apacible al cual retirarse, le parecerá pesado y sofocante. Renueve su altar, retire los objetos que ya no necesite e introduzca otros nuevos de vez en cuando. Limpie a menudo el altar y todo lo que hay en él.

Su altar o santuario debe estar en un lugar donde no le interrumpan. Debe dedicar tiempo a conectar con sus antepasados para que le den paz y le guíen. Conozca su propósito para contactar con ellos, tenga sus preguntas preparadas de antemano.

Ahora que ha leído este capítulo, entiende cómo utilizan los altares y santuarios las distintas tradiciones espirituales africanas. Está preparado para construir el altar de su antepasado u *orisha* con la guía de un sacerdote experimentado. Estas tradiciones espirituales se han utilizado durante siglos, por lo que funcionarán para usted si cree en el sistema.

Capítulo 9: Bolsas de mojo y gris-gris

Las bolsas de mojo y el gris-gris suelen confundirse. Sin embargo, ambas herramientas tienen diferencias significativas. Debe aprender las distinciones entre ambos instrumentos para garantizar un entorno y una experiencia de práctica seguros.

Este capítulo profundiza en las diferencias entre estos talismanes para identificar el adecuado para usted. Aprenderá cómo se crean las bolsas de mojo y los gris-gris y cómo se limpian, consagran, cargan, almacenan y utilizan de forma segura.

Bolsa de mojo
Teogomez, CC BY-SA 3.0 http://creativecommons.org/licenses/by-sa/3.0/, vía Wikimedia Commons https://commons.wikimedia.org/wiki/File:Grisgristuareg.JPG

Historia de las bolsas de mojo

Las bolsas de mojo fueron traídas a América por africanos esclavizados hace siglos. Fabricar estas bolsas de mojo y llevarlas en los bolsillos era lo único que les mantenía cuerdos mientras soportaban los terrores de la esclavitud. Las bolsas de mojo eran mucho más que talismanes para los africanos esclavizados. Eran un medio de garantía y ofrecían una sensación de seguridad en un entorno sumamente cruel e incierto. Pronto, estos pequeños amuletos de la buena suerte se incorporaron al *hoodoo*, un sistema mágico tradicional.

Lo increíble de las bolsas de mojo y de toda la práctica del *hoodoo* es que combinan muchas prácticas y tradiciones mágicas africanas, nativas americanas e incluso europeas. Algunas personas creen que estos talismanes tienen un gran número de similitudes con las bolsas de medicina, originarias de los nativos americanos. Ambas herramientas mágicas incorporan varios objetos personales y naturales para inducir un efecto específico y poderoso, y ambas se llevan discretamente o se guardan en un lugar seguro.

Bolsas de mojo

Las bolsas de mojo se crean para atraer ciertas cosas y energías a la vida de una persona. Las bolsas de mojo sirven para una gran variedad de propósitos. Por ejemplo, puede crear una para atraer protección a su vida y otra para iniciar el amor. Las bolsas de mojo vienen en diferentes colores, dependiendo de la energía y los resultados que desee conseguir.

Una bolsa de mojo contiene varias piedras, hierbas y otras baratijas que pueden ayudarle a manifestar sus deseos. Debe establecer una intención clara, nombrar su bolsa de mojo y rellenarla de vez en cuando. Para que una bolsa de mojo surta efecto, primero hay que dormir con ella. Si la guarda debajo de la almohada o de la cama, o la coloca a su lado mientras duerme, podrá establecer un vínculo con ella. El objetivo principal de esta práctica es fusionar su esencia con la suya. Lleve su bolsa de mojo o téngala con usted, pero nunca debe ser visible para los demás.

Este talismán puede transformar o elevar varias áreas de su vida. puede aumentar su éxito, mantenerle sano, protegerle de posibles daños, atraer el amor y la abundancia a su vida, y mucho más. Considérelo un amuleto cargado de hechizos y magia. Mucha gente considera a las bolsas de mojo como seres místicos a los que hay que alimentar y cuidar adecuadamente, ya que es la única forma de que aumenten sus poderes y redirijan sus energías a la vida de sus poseedores.

Cómo hacer y utilizar una bolsa de mojo

Elija una bolsa de tela que se alinee con su deseo e intención. Estas bolsas vienen en una amplia gama de colores y telas y están disponibles en cualquier tienda de manualidades. Utilice la siguiente lista como guía para elegir el color que se corresponda a su intención:

- Naranja: éxito, vigor, resistencia y vitalidad.
- Morado: adivinación y espiritualidad. También se utiliza para superar y sanar lecciones kármicas.
- Rojo: protección, valor y pasión. El rojo también puede asociarse al matrimonio.
- Azul: sabiduría y filosofía. El azul se considera el color del intelecto.
- Negro: protección y eliminación de la negatividad. También se relaciona con la disciplina.
- Amarillo: autoexpresión, felicidad y creatividad.
- Rosa: amor, romance y amistad. El rosa también se corresponde con el arte, la curación emocional y la belleza.
- Gris: secretos y misterios. También representa la neutralidad.
- Verde: riqueza, abundancia y prosperidad. El verde también se asocia con la suerte y el empleo.
- Plata: receptividad y meditación.
- Blanco: paz y curación psicológica. El blanco se considera el color de la guía angélica.
- Oro: proyección y prosperidad.

Después de elegir un color que corresponda con lo que quiere manifestar, tiene que llenarlo de símbolos, hierbas y piedras relevantes. Aunque las posibilidades son infinitas, he aquí una pequeña lista de elementos que corresponden a determinados propósitos para que empiece:

- Riqueza: pirita, esmeralda, bayas, monedas y canela.
- Victoria: capuchina, raíz de Juan el conquistador y cornalina.
- Amor: hierba gatera, miel, rosa, cuarzo rosa, almendra y morganita.
- Salud: lobelia, hematites, clavo, piedra de sangre y piel de naranja.
- Protección: sal, borraja, turmalina negra, albahaca y gloria de la mañana

Considere la posibilidad de coser a mano su bolsa de mojo en lugar de comprar una ya hecha, ya que esto ayuda a amplificar sus efectos. He aquí cómo hacerlo:

1. Mida el ancho de su cinturón y haga un corte 3 veces más largo. Por ejemplo, si usa un cinturón de 5 cm de ancho, hágala de 15 cm de largo.
2. Dóblela por la mitad, asegurándose de que ambas mitades estén perfectamente alineadas.
3. Cosa los lados, dejando unos 2,5 cm sin coser al final. La parte superior no debe coserse, ya que será la abertura de la bolsa de mojo.
4. De la vuelta a la cinta, ocultando las costuras del interior.
5. Doble las solapas de 1,25 pulgadas hacia fuera y hacia abajo y haga unos 4 pequeños cortes a lo largo de ambos pliegues.
6. Despliegue las solapas y pase un cordel por los cortes alrededor de la circunferencia de la bolsa.
7. Llene la bolsa con los artículos seleccionados y haga un nudo firme con los cordones.
8. Para alimentar su bolsa de mojo, úntela con un aceite esencial o queme incienso y pásela por el humo. Al hacerlo, establezca una intención clara.

Guarde la bolsa del mojo en su bolsillo o debajo de la almohada. Si se siente cómodo con el lugar donde la guarda, deje que permanezca allí. Si no es así, pruebe diferentes lugares hasta que encuentre uno que le haga sentir bien. Debe recargar la bolsa de su mojo con regularidad, alimentándola. La mayoría de la gente la recarga cada luna llena.

Gris-Gris

Muchos confunden las bolsas de mojo con los gris-gris porque estos últimos también sirven como talismán en una pequeña bolsa. Sin embargo, el objetivo principal de un gris-gris es proteger a su portador del mal de ojo y de energías no deseadas. El truco está en que debe incorporar una parte de su cuerpo, o de quien desee la protección, al *satchel*. Así es como el portador conecta con el gris-gris y se convierte en uno con su esencia.

Además de ingredientes espeluznantes como huesos, pelos y uñas, este talismán también incluye cristales, hierbas y otras herramientas e ingredientes mágicos. A diferencia de las bolsas de mojo, el gris-gris se asocia con la magia negra y las artes oscuras.

Un gris-gris crea un potente escudo oscuro alrededor de su portador para mantener alejadas las energías negativas y no deseadas. El talismán consigue este efecto porque al principio tiene que enfrentarse a magia más pesada y oscura.

El gris-gris es una práctica vudú que puede resultar muy peligrosa si no se utiliza con cuidado. Debe tener mucho cuidado con sus intenciones y con lo que le pide a este talismán. Además, debe pensar mucho en los ingredientes que utiliza para hacer su gris-gris. Añadir una parte de su cuerpo puede amplificar significativamente su conexión con el talismán. Los novatos y quienes no estén preparados para este vínculo no soportarán su intensidad y sus efectos.

Cómo hacer y utilizar un gris-gris

Cuando prepare un gris-gris, preste mucha atención a lo que piensa y siente. Sólo debe hacer o utilizar un gris-gris cuando *esté* experimentando un estado de ánimo positivo. Dirija toda su atención con amor y positividad hacia su intención, tanto si lo hace para usted como para otra persona. Sea lo más específico posible al expresar y redactar su intención. Tenga una fe inquebrantable en la capacidad del talismán para protegerle de posibles daños.

Lo mejor es utilizar una bolsa negra, ya que es el color de la protección y el destierro de la energía negativa. Utilice también símbolos protectores, cristales y hierbas, como sal, borraja, turmalina negra y albahaca. Sin embargo, a la hora de crear un gris-gris, déjese llevar por sus instintos.

Puede incluir en el gris-gris el número de elementos que desee, siempre que el resultado final sea impar. Mantenga el número de elementos entre 3 y 13, incluyendo su mechón de pelo o uñas y las conchas y dijes. Si hace el gris-gris para otra persona, pídale que añada su cabello o uñas a la bolsa.

Limpie y purifique su espacio antes de empezar a hacer el gris-gris. Si tiene un altar, utilícelo como lugar de trabajo. Si no, busque un lugar que suela asociar con energías curativas y positivas. Por ejemplo, las mesas de comedor son ideales porque es donde tienen lugar las cálidas reuniones familiares.

Limpie la superficie y queme incienso o salvia. Muchas personas prefieren quemar hojas de enebro. Cuando haya terminado, utilice palos de cedro para emborronar el espacio o barra la energía negativa con una escoba ceremonial o de madera vieja. No es necesario barrer el suelo. Simplemente rodee el suelo con la escoba. Coloque los ingredientes delante de usted y encienda una vela en el centro de la mesa. Diga: «Bendice este espacio y todo el poder que se produce» mientras enciende la vela. Pida la guía del universo e invoque a una deidad, un antepasado, espíritus guía o cualquier poder superior con el que desee trabajar. Pídales que le guíen en esta tarea.

Si está haciendo un gris-gris para otra persona, tenga su foto delante o grabe su nombre en la vela que utilice. Introduzca cada objeto en la bolsa, dando las gracias a la piedra, la flor o el árbol. Manténgase totalmente presente y con su intención durante todo el proceso. Exprese en voz alta su deseo de protección. Cuando haya atado la bolsa, agradezca al universo, a sus poderes superiores y a la madre naturaleza su ayuda y apague la vela.

Recite su intención cada noche mientras dure la luna menguante y hasta que llegue la luna nueva.

Siempre que *esté* creando un gris-gris, recuerde que cualquier pensamiento, emoción o intención que envíe al universo volverá a usted por partida triple. Por lo tanto, exprese siempre su gratitud y sea positivo mientras crea la bolsa. Si va a crear un gris-gris para otra persona, pídale permiso antes. Evite utilizar el gris-gris para influir en la voluntad de otras personas y sea muy específico y consciente de sus intenciones.

¿Qué talismán elegir?

Si está dispuesto a experimentar con diferentes energías y magias, probablemente se sienta indeciso sobre qué talismán utilizar. Las bolsas de mojo suelen ser más versátiles, por lo que mucha gente prefiere utilizarlas. Pueden adaptarse a sus objetivos, intenciones y necesidades personales. Cualquiera que se sienta más cómodo utilizando hechizos de magia blanca o roja debería decantarse por las bolsas de mojo.

Gris-gris es interesante de usar. Algunas personas disfrutan de la reflexión adicional (y el riesgo añadido) de crear y utilizar este talismán. Sin embargo, son bastante desafiantes y requieren cierto grado de conocimiento y experiencia con la magia negra.

Las bolsas de mojo son estupendas porque pueden enfocarse con un punto de vista positivo. Cuando le da energía positiva, espere que se la devuelva. Dado que las bolsas de mojo se aplican a una plétora de magia, deben ser abordadas con amor y una sensación de aire, lo cual es muy importante para protegerse de las energías negativas que le rodean.

Algunas personas no se sienten cómodas incorporando partes de su cuerpo a las prácticas mágicas. Su opinión no le hace ni menos ni más cualificado para utilizar talismanes. Simplemente le ayuda a determinar qué magia utilizar. Los practicantes de artes oscuras se inclinan por el uso del gris-gris, y también las brujas verdes (confían en aceites esenciales, raíces, hierbas y otros ingredientes naturales) se sienten más a gusto cuando utilizan el gris-gris.

Si es nuevo en el mundo de la magia o la espiritualidad africana, puede que le lleve algún tiempo descubrir su campo de acción y las áreas en las que le gusta trabajar. Tómese su tiempo para experimentar y explorar sus inclinaciones, siempre que lo haga con seguridad y bajo la orientación adecuada.

Cada persona es diferente, así que recuerde que es libre de establecer el horizonte y los límites de su práctica única. Una vez que se sienta más seguro de su capacidad para utilizar talismanes, descubrirá que no hay un camino correcto o incorrecto en esta práctica. Se apoyará en su intuición para determinar las prácticas con las que resuena.

Capítulo 10: Festivales y ceremonias

Las fiestas son importantes en muchas religiones y tradiciones espirituales. Son un momento en el que las comunidades y las familias pueden reunirse. Además, la celebración de festivales religiosos es un momento en el que los fieles pueden expresar públicamente sus creencias y reforzar su vínculo con las deidades. Las fiestas y celebraciones religiosas son también un momento en el que las comunidades pueden crear y difundir relatos e historias religiosas, que luego se transmiten de generación en generación.

Los festivales y ceremonias celebran la espiritualidad
https://unsplash.com/photos/tGfB7t4L1JY

La importancia de estos festivales y ceremonias es evidente en las religiones y prácticas espirituales de todo el mundo, y las prácticas y tradiciones espirituales africanas no son diferentes. Cada religión y práctica espiritual promueve y celebra un conjunto diferente de fiestas, que tienen importancia espiritual en la tradición específica.

Kemetismo y ortodoxia kemética

La ortodoxia kemética es una rama del kemetismo tradicional (conocido como paganismo egipcio) y cuenta con muchas fiestas que celebran a las deidades keméticas. Algunas de las principales fiestas de la ortodoxia kemética son:

Hermosa fiesta del valle

También conocida como la Fiesta del hermoso valle, es una antigua festividad kemética que celebra a los muertos. En el calendario moderno, se celebra en torno al 28 de abril.

Esta fiesta consiste en recordar a los muertos y a los que ya no están y era la fiesta más importante de Tebas. Había grandes procesiones a templos y tumbas, donde las familias celebraban banquetes con sus antepasados. También era el momento de celebrar al dios Amón, cuya figura encabezaba estas procesiones.

En la actualidad, esta fiesta suele coincidir con la pagana de Beltane y se celebra de forma similar. Consiste en crear altares para los antepasados y comer con amigos, familiares y otros seres queridos.

Fiesta de Opet

También conocida como la Hermosa fiesta de Opet, la fiesta de Opet era una de las festividades keméticas antiguas más destacadas. El festival celebraba a las deidades Amón, Mut y Khonsu y tenía lugar durante 24 días. Era la celebración más importante de Luxor.

La fiesta se celebraba durante la crecida del Nilo. Por lo tanto, también actuaba como festival y celebración de la fertilidad. En el calendario moderno, este festival se celebra en junio y festeja a las deidades Amón, Mut y Khonsu. Aunque las celebraciones modernas del festival no duran 24 días, muchos seguidores del kemetismo dejan los altares en pie durante todo el mes de junio y realizan ofrendas diarias para reproducir la antigua celebración.

Aset luminosa

Aset es otro nombre de la diosa madre egipcia Isis. Es un festival de luces y conmemora la búsqueda de Aset (Isis) de su hermano-esposo Wesir (Osiris) después de que su hermano Set (Seth) atrapa y mata a Osiris en un ataúd de madera.

En la historia, Aset busca a su marido por todas partes, incluso de noche, a la luz de su antorcha. Los seguidores de la religión kemética encienden velas, lámparas y antorchas para ayudarla en su búsqueda. Además, crean barcos de papel con oraciones escritas en ellos y una fuente de luz (como una vela de té) y los colocan en una fuente de agua (como un río) para que la diosa disponga de luz allá donde vaya.

Esta fiesta suele celebrarse a principios de julio, en torno al 2 de julio.

Wep Ronpet

Wep Ronpet es esencialmente el Año Nuevo kemético. La fecha de esta fiesta varía cada año, pero suele celebrarse a finales de julio o principios de agosto. La fecha concreta depende de cuándo sale la estrella Sirio en el templo de Tawy (el templo principal de la ortodoxia kemética, con sede en Illinois, Estados Unidos).

El Wep Ronpet va precedido de 5 días conocidos como Días Epagómenos. Estos días se celebran como los cumpleaños de los cuatro o cinco hijos de Geb y Nut - en orden:

- Osiris
- Horus - en algunas tradiciones (sobre todo greco-egipcias posteriores), hay dos deidades conocidas como Horus (Horus el viejo es hijo de Geb y Nut, y Horus el joven es hijo de Isis y Osiris)
- Set
- Isis
- Neftis

Durante los Días epagómenos, se procura no correr demasiados riesgos, ya que estos días se consideran fuera del año tradicional. En cada día se rinde culto al cumpleaños del dios correspondiente, lo que incluye la creación de santuarios para cada dios y la realización de ofrendas.

El día del Wep Ronpet, los fieles celebran el Año Nuevo deshaciéndose de lo viejo, normalmente limpiando sus casas o lugares de trabajo y celebrando el día con familiares y amigos. Para los practicantes de magia, el día puede incluir la renovación de las guardas, la realización de limpiezas y otras labores de protección en el hogar y sus alrededores.

Festival Wag

El Festival Wag, o Festival del Wag, tiene lugar a finales de agosto y conmemora y celebra al dios Wesir (Osiris). Era esencialmente un festival de los muertos y un día para celebrar y recordar a las almas que fallecieron antes, especialmente en el año que acababa de pasar.

La Fiesta de Wag es una de las más antiguas que se conocen y se celebra desde los tiempos del Reino Antiguo. En el antiguo Egipto, la gente celebraba la fiesta creando pequeñas barcas de papiro decoradas con oraciones y enviándolas a la orilla oriental del Nilo. Era una forma de conmemorar la muerte de Osiris.

Otras celebraciones consistían en visitar las tumbas de los antepasados con ofrendas para que los muertos estuvieran satisfechos en la otra vida.

Hoy en día, la gente celebra la fiesta creando barcos de papel y enviándolos a flotar en los cuerpos de agua locales. Es un día para crear altares para los antepasados y colocar sus ofrendas.

Fiesta de Sed

El festival de Sed, o jubileo real, es un antiguo festival kemético que conmemora el gobierno del faraón.

En tiempos modernos, este festival se celebra en honor de Horus el joven, que actúa como rey de los vivos. También es una ocasión para honrar la memoria de los faraones egipcios fallecidos. Otras deidades honradas durante el festival son Sekhmet y Wepwawet. En el calendario moderno, la fiesta se celebra el 15 de noviembre.

Éstas son sólo algunas de las fiestas que se celebran en el kemetismo y la ortodoxia keméticos. En el antiguo kemetismo se celebran cientos de festivales (en algunos calendarios, hay casi una celebración por cada día del año). Los seguidores modernos suelen elegir fiestas destacadas o fiestas que celebran a sus deidades preferidas.

Isese

Conocida como la religión yoruba, el *isese* es seguida por el pueblo yoruba en África, particularmente en la actual Nigeria. Algunos festivales *isese* son

Festival Eyo

El festival *Eyo* se celebra principalmente en Lagos y se conoce como el Juego de Adamu *orisha*. Este festival se celebra tradicionalmente para escoltar al espíritu de un rey o jefe fallecido y ayudar a dar la bienvenida a su sucesor. El festival rinde homenaje al Oba (rey o gobernante) de Lagos.

El festival dura 24 días e incluye un conocido desfile de artistas vestidos con túnicas blancas. El festival recibe su nombre de estos bailarines disfrazados llamados «*Eyo*».

Este festival se celebra cuando es necesario y a menudo para honrar y conmemorar a miembros destacados de la comunidad yoruba de Lagos y a sus jefes y reyes. Sin embargo, este festival también se celebra con más frecuencia como acontecimiento turístico y es una conocida fuente de turismo en Lagos.

Festival Osun-Osogbo

El festival Osun-Osogbo se celebra todos los años en agosto en la arboleda sagrada de Osun-Osogbo, situada a orillas del río Osun, a las afueras de la ciudad de Osogbo.

Este festival es una celebración del *orisha* Osun (Oshun), el *orisha* del amor, la belleza, el agua dulce y la riqueza. El festival tiene al menos siete siglos de antigüedad y es una celebración de dos semanas que incluye lo siguiente:

- Una limpieza tradicional de Osogbo
- El encendido de la lámpara de dieciséis puntas, Ina Olojumerindinlogun, de 500 años de antigüedad.
- La Iboriade, donde se reúnen y bendicen las coronas de los anteriores gobernantes de Osogbo
- Una gran procesión frente al santuario de Osun-Osogbo. Esta procesión es una celebración que incluye bailes, actuaciones musicales, alabanzas, poesía, juerguistas disfrazados y mucho más. La procesión está encabezada por el gobernante de Osogbo, el Ataoja, el Arugba (portador de la calabaza) y un grupo de sacerdotisas.

Este festival reproduce el encuentro entre Osun y un grupo de emigrantes que huían de la hambruna. Los *orishas* acordaron proporcionar prosperidad a cambio de un sacrificio anual, y el festival incluye este sacrificio anual.

Al igual que el Festival *Eyo*, el festival Osun-Osogbo ayuda a promover el turismo en la zona, además de los motivos religiosos y espirituales.

Festival de Shangó

El festival de Shangó data de hace más de 1000 años y se celebra en agosto. Se celebra para honrar y conmemorar a Shangó, el *orisha* del trueno y el fuego. Shangó también es considerado el padre fundador del pueblo de Oyo y se cree que fue el tercer *Alaafin* de Oyo, lo que le convierte en antepasado de la realeza actual.

Este festival se celebra en el estado nigeriano de Oyo, y las principales celebraciones suelen tener lugar en el palacio del actual *Alaafin* de Oyo.

Es un festival de 10 días de duración que celebran los seguidores vestidos de rojo o blanco. Algunas celebraciones incluyen una competición de *ayo* (uno de los juegos yoruba más antiguos que se juega con un tablero de madera y guijarros), exhibiciones culturales y tradicionales y espectáculos de magia. Al igual que el Osun-Osogbo, el Shangó es un espectáculo público que se celebra en comunidad.

Festival de Igogo

El festival de Igogo se celebra anualmente en septiembre en Owo. Este festival celebra a la reina *orisha* Oronsen. Oronsen era la esposa de Olowo Rerengejen.

Esta fiesta se celebra desde hace al menos 600 años y dura 17 días, comenzando con una procesión de jefes *iloro*. El Olowo de Owo y los altos jefes del reino se visten de mujer. Los Olowo también celebran al mismo tiempo la fiesta del ñame nuevo, incorporada a la de los Igogo. Durante el festival, está prohibido disparar armas, no se deben golpear los tambores y está prohibido usar gorras y lazos en la cabeza.

Fiesta de Olojo

El festival de Olojo se celebra anualmente en octubre en Ife, estado de Osun. Se celebra en honor de Ogun, el *orisha* del hierro, que se cree que es el hijo mayor del progenitor del pueblo yoruba, Oduduwa. El festival es también una celebración de la creación del mundo.

Durante los siete días anteriores a la fiesta, el Ooni de Ifé debe recluirse, rezar por su pueblo y estar en comunión con los antepasados. El día de la fiesta, sale de su reclusión con la corona Aare, considerada la corona original de Oduduwa.

Junto con una multitud de seguidores, el Ooni visita varios santuarios sagrados para ofrecer plegarias y realizar rituales. Entre los santuarios visitados se encuentran el de Okemogun y otros de importancia histórica. Entre los rituales que se celebran figuran los que piden la paz en todas las tierras yoruba.

Festival de Oro

El festival del Oro es un festival anual que tiene lugar en toda la tierra yoruba y se celebra en todos los pueblos y asentamientos de origen yoruba. Es un festival muy específico que sólo celebran los hombres descendientes a través de sus antepasados paternos, nativos de cada localidad.

Durante la fiesta, las mujeres y los descendientes de no nativos deben permanecer siempre en casa. La gente suele viajar a sus lugares de origen para celebrar esta fiesta.

Como su nombre indica, el festival Oro celebra al *orisha* Oro, el *orisha* de los toreros y la justicia. Se cree que las mujeres y los no nativos no deben ver a Oro, por lo que se espera que permanezcan en casa durante el festival. Si alguien que no esté destinado a celebrar la fiesta sale y ve a Oro, morirá.

La fiesta dura varios días y las celebraciones específicas varían de un asentamiento a otro. Al tratarse de un festival tan exclusivo, se sabe muy poco sobre cómo se celebra en realidad.

Vodoun

El vodoun es una religión de África occidental, conocida como *voudou* y vudú, practicada por los pueblos aja, ewe y fon.

Fiesta del Vodoun

La Fiesta del Vodoun es un festival que se celebra anualmente el 10 de enero en Benín. La fiesta es una celebración de todas las cosas Vodoun, y las celebraciones comienzan con el sacrificio de una cabra.

Los seguidores se visten de dioses y realizan rituales, y una de las partes más conocidas del festival consiste en que la gente se vista de *Zangbeto* (guardianes tradicionales del vudú) y actúe. La gente también se viste de *Egungun*, y los espectadores deben evitar a estos individuos, ya que se cree que si uno de los *Egungun* le toca, podría morir.

También se canta, se baila y se bebe. Además de ser muy popular entre los seguidores del Vodoun, el festival es una atracción turística muy conocida. Viajan turistas de todo el mundo para asistir a la celebración.

Vudú haitiano

El vudú haitiano comparte algunos elementos con el vodoun, pero es una religión diferente y sus celebraciones son distintas.

Fiesta gede

Conocida como el Día de los muertos haitiano y la Fiesta de los antepasados, la Fête gede se celebra anualmente los dos primeros días de noviembre.

En esta fiesta se celebra una procesión pública, y muchos de los participantes se disfrazan. La gente entra en comunión con sus antepasados y viaja a los cementerios para ofrecerles comida y bebida. El festival también celebra el Iwa de la muerte y la fertilidad e incluye música, bailes y banquetes.

Sin embargo, antes de poder viajar a las tumbas de sus antepasados, los fieles deben honrar y hacer ofrendas en la tumba de Papa gede, el primer hombre que murió. Las personas que no pueden viajar a Haití para asistir a la fiesta, realizan primero ofrendas en sus altares.

Fiesta de la Virgen milagrosa de Saut d'Eau

La fiesta de la Virgen milagrosa de Saut d'Eau no es tanto una fiesta como una peregrinación. Se celebra todos los años del 14 al 16 de julio. La Virgen milagrosa de Saut d'Eau, conocida como Santa Ana y Pequeña Santa Ana, es considerada la madre de la Virgen María. Se cree que trae suerte en el romance y las finanzas.

Esta fiesta es una peregrinación a la cascada de Saut d'Eau, situada al norte de Puerto Príncipe. En la cascada, los seguidores del vudú llevan a cabo rituales de purificación conocidos como «baños de la suerte». Consiste en bañarse bajo la cascada, tras lo cual se rompe un *calabash* (frasco de agua hecho con una calabaza). Además, la persona deja su ropa en la cascada y se pone ropa nueva, simbolizando la eliminación de la mala suerte pasada y la introducción de la buena suerte nueva.

Aunque esta peregrinación se celebra principalmente en julio, puede realizarse en cualquier época del año. La romería de julio también atrae a numerosos turistas interesados en contemplarla.

Festival de Plaine Du Nord

Conocido como el Festival Plen Dino, el Festival Plaine Du Nord se celebra anualmente durante dos días de julio en Plaine-du-Nord, en el norte de Haití.

Este festival celebra la Revolución haitiana, que se cree contó con la ayuda de las deidades y los espíritus. También se celebra al *orisha* Ogun, el *orisha* del metal, los soldados y los herreros.

Durante la fiesta, los creyentes hacen ofrendas en la iglesia de Santiago o Ogoun Feraille. Ofrecen oraciones a la Virgen María del Monte Caramel, asociada a Erzulie Freda, la diosa del amor. Los peregrinos ofrecen sacrificios a los dioses, incluso se ofrendan animales.

Además, los fieles toman un baño ritual de barro en el Agujero de Santiago, una charca de barro sagrada. Estos baños rituales son dirigidos por sacerdotes que rezan con los peregrinos, y los baños son como un renacimiento y un bautismo. La fiesta también se celebra limitando la comida y la bebida (no es un ayuno completo), lo que permite a los peregrinos experimentar las privaciones que vivieron los guerreros durante la Revolución haitiana.

Conclusión

El continente africano alberga algunas de las civilizaciones más antiguas del mundo y tiene una rica historia de prácticas espirituales. Aprender sobre estas prácticas espirituales es una excelente manera de comprender a las personas que las practican y puede ser un gran trampolín si quiere explorar estas prácticas como parte de su viaje espiritual.

Como ha aprendido en este libro, las prácticas espirituales africanas son muchas y variadas e incluyen prácticas como el vudú haitiano, el *hoodoo*, la santería y la ortodoxia kemética. Aunque estas tradiciones son únicas y dispares, también comparten algunas similitudes, como las tradiciones principalmente orales, el culto a los antepasados y la creencia en el mundo de los espíritus y en seres sobrenaturales como los santos de la santería, los *lwa* del vudú y los *orishas* yoruba.

Muchos africanos creen en religiones más recientes como el cristianismo y el islam. Sin embargo, las religiones tradicionales y las prácticas espirituales están volviendo a ganar popularidad. El crecimiento de religiones sincréticas y tradiciones como la ortodoxia kemética refleja este interés por la historia de las religiones tradicionales africanas, y este libro es una introducción a estas tradiciones.

Para dominar cualquier tema, primero hay que comprender su historia y sus conceptos fundamentales; las prácticas espirituales africanas no son diferentes. Una vez que haya aprendido lo básico de cada tradición, podrá encontrar la que más le llame la atención y explorarla más a fondo.

Una vez que conozca estas tradiciones, también es esencial que aprenda algunas de sus prácticas: en concreto, la importancia de la veneración de los antepasados, la construcción de altares y santuarios, y el uso de gris-gris y bolsas de mojo. La veneración de los antepasados, en particular, se practica en la mayoría de las corrientes espirituales tradicionales africanas y es un pilar fundamental de la comunidad en el continente.

Además de aprender más sobre estas prácticas, también debería centrarse en conocer las hierbas y plantas sagradas del continente africano. Estas hierbas y plantas son fundamentales en muchos rituales y hechizos. A menudo son desconocidas para los lectores no africanos debido a sus nombres tradicionales o, en algunos casos, a la dificultad de encontrarlas fuera de África.

Del mismo modo, puede resultar difícil familiarizarse con muchas prácticas espirituales africanas debido a los términos y palabras desconocidos. El glosario que figura al final de este libro le ayudará, facilitándole la comprensión del significado de estas palabras y la forma de pronunciarlas.

La espiritualidad africana es un rico y complejo tapiz de tradiciones y prácticas que el resto del mundo suele pasar por alto. Este libro le ayudará a comprender los fundamentos de estas creencias y a iniciar su viaje para aprender más sobre estas fascinantes tradiciones.

Para muchas personas, la espiritualidad africana es sinónimo de maldad y brujería. Como descubrirá en este libro, este concepto está muy lejos de la realidad. Estas tradiciones están llenas de emociones profundas y se basan en la naturaleza y los dioses.

Tanto si le interesa este libro como guía para su viaje espiritual como si simplemente quiere aprender más sobre las prácticas espirituales africanas, este libro cubre ambos espectros. Así que no olvide tener este libro a su lado mientras explora más a fondo el mundo de la espiritualidad africana. Buena suerte.

Glosario de términos

Las prácticas espirituales africanas utilizan muchas palabras y frases extranjeras que suenan complicadas y extrañas para los que están iniciando. Aunque cada término se explica y se discute a fondo en los capítulos, este capítulo resume las palabras difíciles utilizadas a lo largo del libro. Puede utilizarlo para entender ciertas palabras mientras lee el libro.

Términos de uso común en las prácticas espirituales africanas

Akhu - conocidos como *akh*, los *akhu* son almas bendecidas tras la muerte de su cuerpo físico por haber sobrevivido a ésta. Estos espíritus emiten una energía poderosa (brillante), proporcionan protección y ayudan a encontrar la sabiduría divina. Se mencionan en el capítulo 2.

Ashe - la energía divina que se puede obtener a través de las prácticas espirituales africanas. Cada *orisha* tiene su *ashe* distintivo que ofrecen para dar poder o bendecir a los devotos. Mencionado en el capítulo 1.

Ayo - es uno de los juegos yoruba más antiguos. Se juega con un tablero de madera y guijarros durante el festival de Shangó. Mencionado en el capítulo 10.

Ba - según las creencias ortodoxas keméticas, Ba es la parte del alma que viaja entre los reinos. Mencionado en el capítulo 2.

Barón Samedi - el *Lwa* superior del panteón *Ghede Lwa*. Es el *Lwa* de la muerte, saluda a los espíritus de los muertos y los guía en su viaje al otro mundo. Mencionado en el capítulo 4.

Bolsa de mojo - para realizar hechizos poderosos, los practicantes de vudú utilizan pequeñas bolsas llenas de cristales, partes de animales como pieles, huesos, plumas y plantas secas. Se denominan bolsas de mojo y se utilizan para aprovechar o alejar el poder. Se mencionan en el capítulo 9.

Bondye - pronunciado como «bohn-diay»- es un ser supremo en el vudú y el vudú haitiano. Es el creador del universo y el equivalente de Olodumare en la religión yoruba. Se menciona en el capítulo 3.

Chango - conocido como Shangó y Santa Bárbara. Chango es el dios del rayo y el trueno, y se le asocia con la magia, la masculinidad y la sexualidad. Se menciona en los capítulos 4 y 5.

Ebo - llamado ebbo. *Ebo* es un término utilizado para las ofrendas y sacrificios hechos a los *orishas*. *Ebo* puede presentarse de muchas formas, como alimentos, comidas, objetos, liberación de animales vivos, etc. Se menciona en el capítulo 8.

Egun - son las almas de los antepasados fallecidos o espíritus a los que el practicante se siente cercano. Suelen ser parientes consanguíneos, pero también pueden formar parte de la familia religiosa de una persona. A veces, los espíritus guías e incluso los espíritus animales se consideran *egun* si se les honra, concretamente en ritos y ceremonias llamados toque de *egun*. Se menciona en el capítulo 6.

Egungun - espíritus ancestrales malignos que deben evitarse porque pueden herir y matar a las personas. Mencionado en el capítulo 10.

El Campo de juncos - el equivalente al cielo de los antiguos egipcios. Mencionado en el capítulo 2.

El Pesaje de los corazones - es una prueba y juicio por el que cada persona debe pasar para determinar dónde pasará su vida después de la muerte dependiendo de la vida que haya llevado. Mencionado en el capítulo 2.

Elegba - conocidos como *legba*, los *elegba* son los guardianes del mundo. Salvaguardan las puertas entre este mundo y los reinos divino y espiritual. *Elegba* deriva del nombre Eleggua (llamado San Pedro o San Antonio), un ser poderoso que guarda la encrucijada por la que pasan todas las almas tras partir. Se menciona en los capítulos 4 y 5.

Festival Eyo - conocido como el Juego de Adamu *orisha*. Este festival se celebra tradicionalmente para escoltar al espíritu de un rey o jefe fallecido y ayudar a dar la bienvenida a su sucesor. Se menciona en el capítulo 10.

Festival Igogo - celebración del *orisha* Oronsen y de la cosecha del ñame. Mencionado en el capítulo 10.

Festival Opet - era una de las festividades keméticas antiguas más destacadas. El festival celebraba a las deidades Amón, Mut y Khonsu. Mencionado en el capítulo 10.

Festival Wag - celebración que conmemora al dios Osiris, mencionado en el capítulo 10.

Fèt gede - conocido como «Festival del día de los muertos», es una celebración del vudú haitiano. Mencionada en los capítulos 6 y 10.

Fête du Vodoun - fiesta tradicional vudú en la que la gente se disfraza de espíritus malignos y guardianes. Se menciona en el capítulo 10.

Fiesta de Sed - conocida como jubileo real, Sed es una antigua fiesta kemética que conmemora el reinado del faraón. Más concretamente, honra a Horus el joven, el rey de los vivos. Se menciona en el capítulo 10.

Ghede Lwa es una de las familias *lwa* más importantes de África occidental. Se menciona en el capítulo 4.

Gris-gris - pronunciado como «gris-gris», es un acto de creación de un poderoso amuleto mágico. Su creación suele requerir la combinación de magia blanca y negra, por lo que sólo se recomienda a practicantes experimentados. Se menciona en el capítulo 9.

Hoodoo - pronunciado como «ju-du», es una práctica mágica que incorpora tradiciones populares y hierbas medicinales. También incluye conjuros y otras prácticas mágicas relacionadas con el vudú. El *hoodoo* combina la práctica espiritual africana con creencias europeas y nativas americanas. Se menciona en el capítulo 1.

Ifá - dogma central de la religión yoruba. Mencionado en el capítulo 1.

Isfet - significa desorden y contrasta profundamente con *maat*, que se creó para abolir el *isfet*. Mencionado en el capítulo 2.

Juju - pronunciado «ju-ju», es un término vudú que designa los amuletos utilizados para la protección, la curación y otros fines mágicos positivos.

Ka - se refiere a una de las partes más fundamentales del alma, tal y como se describe en las tradiciones keméticas. Se menciona en el capítulo 2.

Lwa - conocido como *loa*, un *lwa* es un espíritu poderoso que, según ciertas tradiciones espirituales africanas, gobierna los diferentes reinos del mundo natural y al que se le puede pedir ayuda, como a los santos y a los *orishas* en otras religiones. Se menciona en los capítulos 1 y 4.

Ma'at - también maat, significa verdad, orden, justicia o equilibrio. Representa un dogma fundamental en las creencias keméticas y está vinculado a la deidad del mismo nombre. Se menciona en el capítulo 2.

Manman - término de gran respeto utilizado para *lwas* femeninas. Significa madre y tiene el mismo significado para los ancianos vivos. Mencionado en el capítulo 4.

Mojo - término vudú utilizado para designar los amuletos que aportan beneficios específicos, como financieros, de protección, emocionales, etc. Mencionado en el capítulo 9.

Netjer - término kemético que designa la fuente de las fuerzas divinas. Se cree que todas las deidades tienen su origen en Netjer. Mencionado en el capítulo 1.

Olodumare - el ser supremo y creador del universo según la religión yoruba. Es un ser que sólo se comunica con los *orishas* y no puede ser invocado por las personas. Se menciona en los capítulos 1 y 3.

Opa egun - una rama de madera gruesa, recta y alta. Se utiliza para invocar a los *orishas*. Mencionada en el capítulo 8.

Orisha - en las creencias yoruba, los *orishas* son seres espirituales que supervisan a otros seres vivos. Poseen poderes que la gente puede aprovechar para el éxito, el crecimiento espiritual, los ritos de paso, la curación emocional y física, la adivinación y mucho más. Los *orishas* responden al ser supremo. Se mencionan en el capítulo 1.

Ortodoxia kemética - antiguo sistema de creencias egipcio, según el cual los creadores hacían las almas y las deidades las guiaban. Mencionado en el capítulo 1.

Orunmila u Ornula - es el *orisha* de la sabiduría, el conocimiento y la adivinación. Está asociado con San José, San Felipe y San Francisco de Asís en el cristianismo. Se menciona en los capítulos 4 y 5.

Oshun - *orisha* de los ríos, la fertilidad, el amor y el matrimonio. Se asocia con Nuestra Señora de la Caridad, que es un aspecto de la Virgen

María. Se menciona en los capítulos 4 y 5.

Papa - significa padre y se utiliza para los *lwas* masculinos. Denota respeto y honor por estos poderosos seres. Mencionado en el capítulo 4.

Petro Lwa - es una de las familias *lwa* más significativas, originaria de África occidental. Mencionada en el capítulo 4.

Politeísmo - se refiere a las creencias que reconocen más de una deidad (a menudo un gran número), como ocurre en muchas prácticas espirituales africanas. Mencionado en el capítulo 1.

Ra - el dios sol y creador del universo según ciertas religiones africanas. Se cree que Maat fue creada a partir de él. Mencionado en el capítulo 2.

Rada Lwa - una de las familias *lwa* más importantes, originaria de África occidental. Mencionada en el capítulo 4.

Rootworkers (hechiceros) - término popular para los practicantes de *hoodoo* que utilizan su sabiduría para ayudar a otros en diferentes aspectos de la vida. Se menciona en el capítulo 1.

Santería - conocida como Lucumi en los tiempos modernos, es una religión única que incorpora elementos de prácticas espirituales africanas y creencias cristianas. Mencionada en los capítulos 1 y 5.

Veve - símbolos trazados durante rituales hechos para invocar y celebrar *Lwas*. Mencionado en el capítulo 4.

Vudú - práctica mágica que combina rituales en actos religiosos cristianos y espiritualidad africana. Mencionado en el capítulo 4.

Vudú haitiano - similar a otras religiones africanas, el vudú haitiano es una práctica espiritual en la que los rituales implican alimentos, bebidas y hierbas con fines curativos y espirituales. Se menciona en el capítulo 1.

Wep Ronpet - el Año Nuevo kemético, precedido por los 5 Días epagómenos que celebran los cumpleaños de los hijos de Geb y Nut. Mencionado en el capítulo 10.

Yemaya - protectora de las mujeres y *orisha* de los mares, misterios y lagos. Se parece a Nuestra Señora de Regla. Mencionada en el capítulo 4.

Zangbeto - guardianes tradicionales del vudú que alejan las influencias malignas. Mencionado en el capítulo 10.

Vea más libros escritos por Mari Silva

Su regalo gratuito

¡Gracias por descargar este libro! Si desea aprender más acerca de varios temas de espiritualidad, entonces únase a la comunidad de Mari Silva y obtenga el MP3 de meditación guiada para despertar su tercer ojo. Este MP3 de meditación guiada está diseñado para abrir y fortalecer el tercer ojo para que pueda experimentar un estado superior de conciencia.

https://livetolearn.lpages.co/mari-silva-third-eye-meditation-mp3-spanish/

Referencias

Hoodoo en San Luis: Tradición religiosa afroamericana (Servicio de Parques Nacionales de Estados Unidos). (sin fecha). Nps.gov. https://www.nps.gov/articles/000/hoodoo-in-st-louis-an-african-american-religious-tradition.htm

Louissaint, G. (2019, 21 de agosto). ¿Qué es el vudú haitiano? https://theconversation.com/amp/what-is-haitian-voodoo-119621

La religión ortodoxa kemética. (s.f.). Kemet.org. https://www.kemet.org/

La religión santería una historia. (2009, 8 de septiembre). African American Registry. https://aaregistry.org/story/from-africa-to-the-americas-santeria/

Wigington, P. (2019, 29 de noviembre). La religión yoruba: Historia y creencias. Learn Religions. https://www.learnreligions.com/yoruba-religion-4777660

42 Leyes de Maat según la ley de Kemet. (s.f.). Blackhistoryheroes.com. http://www.blackhistoryheroes.com/2013/02/42-laws-of-maat-under-kemet-law-and.html

Pregunta a Aladdin. (s.f.). La diosa egipsia Ma'at - Ma'at la diosa de la justicia - AskAladdin. Egypt Travel Experts. https://ask-aladdin.com/egypt-gods/maat/

Cressman, D. (2021, 5 de octubre). Breve guía de los 7 principios de ma'at - Daniella Cressman. Medium. https://daniellacressman.medium.com/a-brief-guide-to-the-7-principles-of-maat-8ed2faf0fe7c

Elliott, J. (2010, 1 de enero). 3 maneras de emprender un viaje espiritual. WikiHow. https://www.wikihow.com/Go-on-a-Spiritual-Journey

Emily. (2021, 10 de octubre). ¿Qué sucede en un viaje espiritual? 5 etapas que experimentará. Aglow Lifestyle. https://aglowlifestyle.com/what-happens-on-a-spiritual-journey/

Ganguly, I. (2019, 31 de octubre). Viaje espiritual - guía completa. TheMindFool - Medio perfecto para el autodesarrollo y la salud mental. Explorador del estilo de vida.

Abisoye. (2021, 11 de agosto). Olodumare, el dios sin imágenes, santuarios. Plus, TV Africa. https://plustvafrica.com/olodumare-the-god-with-no-images-shrines/

Beyer, C. (2010, 20 de febrero). Bondye, el dios bueno del vudú. Learn Religions. https://www.learnreligions.com/bondye-the-good-god-of-vodou-95932

Olódùmarè y el concepto de dios del pueblo yoruba. (2020, 25 de marzo). Métissage Sangue Misto. https://metissagesanguemisto.com/olodumare-and-the-concept-of-god-of-the-yoruba-people/

Barrett, O. (2022, 4 de febrero). Espíritus nacidos de la sangre: Los lwa del panteón vudú. TheCollector. https://www.thecollector.com/voodoo-lwa/

Beyer, C. (2009, 4 de junio). Espíritus del Vudú. Learn Religions. https://www.learnreligions.com/spirits-in-african-diaspora-religions-95926

Beyer, C. (2010, 1 de febrero). Una introducción a las creencias básicas de la religión vudú (vudú). Aprenda Religiones. https://www.learnreligions.com/vodou-an-introduction-for-beginners-95712

Beyer, C. (2012a, 11 de junio). Los orishas. Aprenda Religiones. https://www.learnreligions.com/who-are-the-orishas-95922

Beyer, C. (2012b, 14 de junio). Los *orishas*: Orunla, Osain, Oshun, Oya y Yemaya. Aprenda Religiones. https://www.learnreligions.com/orunla-osain-oshun-oya-and-yemaya-95923

demo demo. (2016, 20 de septiembre). ¿Quiénes son los orishas? Centro de Danza DJONIBA. https://www.djoniba.com/who-are-the-orishas/

Gardner, L. (2009, 29 de septiembre). El culto de los santos: Una Introducción a la Santería. Llewellyn Worldwide. https://www.llewellyn.com/journal/article/2048

«Santería: La Regla de Ocha-Ifa y Lukumi. (sin fecha). Pluralism.Org. https://pluralism.org/%E2%80%9Csanter%C3%ADa%E2%80%9D-the-lucumi-way

Emancipación: La experiencia Caribe. (s.f.). Miami.Edu. https://scholar.library.miami.edu/emancipation/religion1.htm

Regla De Ocha, Candomble, Lucumi, Oyo, Palo, Palo, M., Santeria, M., & Ifa, Y.(n.d.). *orisha* Worshippers. Bop.Gov. Obtenido el 10 de febrero de 2022, del sitio Web: https://www.bop.gov/foia/docs/orishamanual.pdf.

mythictreasures. (2020, 10 de mayo). Introducción a las velas de 7 días. Mythictreasures. https://www.mythictreasures.com/post/into-to-7-day-candles

Cómo invocar la energía de la diosa yoruba Oshun. (sin fecha). Vice.Com. https://www.vice.com/en/article/3kjepv/how-to-invoke-oshun-yoruba-goddess-orisha

admin. (2020, 1 de febrero). Fèt gede - el Día de los Muertos haitiano - Visit Haiti. Visit Haiti. https://visithaiti.com/festivals-events/fet-gede-haitian-day-of-the-dead/#:~:text=Cada%20año%2C%20en%20noviembre%201

Egun / Los antepasados - Los conceptos religiosos yoruba. (s.f.). Sites.google.com. https://sites.google.com/site/theyorubareligiousconcepts/egungun-the-ancestors

Herukhuti, R. A. (2022, 27 de enero). Por qué los africanos honran a los ancestros. https://www.afrikaiswoke.com/the-true-nature-of-african-ancestral-spirits/

Ost, B. (s.f.). LibGuides: Libro de texto de las religiones tradicionales africanas: Ifá: Capítulo 5. Nuestros ancestros están con nosotros en el presente. Research.auctr.edu. https://research.auctr.edu/Ifa/Chap5Intro

Devotos del vudú comen VIDRIO y sacrifican cabras durante extrañas celebraciones con motivo del día de los muertos en Haití. (2016, 2 de noviembre). The Sun. https://www.thesun.co.uk/news/2101053/voodoo-devotees-eat-glass-and-sacrifice-goats-during-bizarre-celebrations-held-to-mark-haitis-day-of-the-dead/

¿Qué es la santería? - Los conceptos religiosos yorubas. (s.f.). Sites.google.com. https://sites.google.com/site/theyorubareligiousconcepts/what-is-santeria

Catálogo de Hierbas Mágicas: Sampson Snake Root. (s.f.). Www.herbmagic.com. https://www.herbmagic.com/sampson-snake-root.html

Raíz de Juan el conquistador: Una mirada a la magia *hoodoo*. (s.f.). Original Botánica. Extraído el 17 de noviembre de 2022, de https://originalbotanica.com/blog/high-john-the-conqueror-root-a-staple-of-hoodoo-magic/ (Este sitio web fue mi principal recurso para este capítulo)

Altares de la religión yoruba. (s.f.). Excelencias.com. https://caribeinsider.excelencias.com/index.php/en/news/altars-yoruba-religion

Dorsey, L. (2014, 23 de marzo). Creación de altares de antepasados en santería y vudú. Voodoo Universe. https://www.patheos.com/blogs/voodoouniverse/2014/03/creating-ancestor-altars-in-santeria-vodou-and-voodoo/

Helena. (2021, 24 de enero). Cómo construir un altar en casa para el autocuidado espiritual. Disorient.

LibGuides: Libro de texto de las religiones tradicionales africanas: Ifá: Capítulo 5. Nuestros antepasados están ahora con nosotros. (2021). https://research.auctr.edu/Ifa/Chap5Intro

Bradley, J., y Coen, C. D. (2010). La bolsa mágica: Crear bolsas gris-gris y bolsas. Llewellyn Publications.

Caro, T. (2020, 14 de septiembre). Bolsa de ojo vs gris-gris [la diferencia y cómo usarlos]. Magickal Spot. https://magickalspot.com/mojo-bag-vs-gris-gris/

Cómo hacer sus propias bolsas de mojo. (n.d.). Nui Cobalt Designs. https://nuicobaltdesigns.com/blogs/daily-astrology-reports/16564821-how-to-make-your-own-mojo-bags

Cómo hacerlo: ¿Qué es una bolsa de mojo y cómo se usa? (s.f.). Livejournal.com. https://ldygry.livejournal.com/4248.html

Chery, D. N. (2016, 29 de julio). AP FOTOS: Festival de vudú transforma aldea haitiana. Associated Press.

Fiesta del valle hermoso. (2021, 1 de mayo). Templo kemético UK. https://kemetictemple.uk/t/feast-of-the-beautiful-valley/618

Festival del meneo. (s.f.). Historyofegypt.net. https://historyofegypt.net/?page_id=980

Festivales. (s.f.). Kemet.org. https://www.kemet.org/community/festivals

www.ingramcontent.com/pod-product-compliance
Lightning Source LLC
Chambersburg PA
CBHW072154200426
43209CB00052B/1192